AF311064

Lt-Colonel breveté **BOUCABEILLE**

LA GUERRE
Interbalkanique

*Événements militaires et politiques
survenus dans la Péninsule des Balkans
jusqu'en octobre 1913*

PARIS

LIBRAIRIE CHAPELOT

MARC IMHAUS & RENÉ CHAPELOT, ÉDITEURS

3o, Rue Dauphine, IVe (Même Maison à NANCY)

1914

A LA MÊME LIBRAIRIE

DU MÊME AUTEUR :

Études appliquées de service en campagne et de règlements de manœuvres *à l'usage des officiers des corps de troupe.* Lettre-préface de M. le général GALLIÉNI, membre du Conseil supérieur de la guerre. 1910, 1 vol. in-8, contenant 7 croquis et 7 cartes, dont 2 hors texte . . . . 4 fr. 50

Une manœuvre offensive avec tir réel exécutée au camp de Biville (juin 1910). — *Étude d'infanterie.* 1910, 1 vol. in-8 avec 14 figures, 11 cartes et croquis hors texte . . . . 3 fr.

La Guerre Turco-Balkanique, 1912-1913. — *Thrace-Macédoine-Albanie-Épire,* avec 13 cartes en couleurs hors texte et 10 croquis dans le texte, 8ᵉ édition. . . . . 5 fr.

Feuilles de route bulgares. *Journal de marche d'un correspondant de guerre pendant la campagne de 1912 en Thrace,* par Alain de PENENNRUN. 1913, 1 vol. in-18 avec de nombreuses illustrations photographiques et une carte 3 fr. 50

Les armées des principales puissances au printemps de 1912. In-8, reliure souple . . . . 4 fr.
(Une édition de cet ouvrage sera publiée chaque année.)

Événements d'Orient (1862-1907) ; par le général MAHMOUD-MOUKHTAR PACHA, commandant la 1ʳᵉ armée turque. 1909, in-12 avec 3 croquis. . . . . . . 3 fr.

Les occasions perdues. Étude stratégique et critique sur la campagne turco-russe de 1877-1878 ; par le général IZZET-FUAD, Ministre de Turquie à Madrid. 1900, 1 vol. in-8 avec croquis . . . . 6 fr.

Autres occasions perdues. Critique stratégique de la campagne d'Asie Mineure (1877-1878) ; par le général IZZET-FUAD, Ministre de Turquie à Madrid, 1908. 1 vol. in-8 . . . . 6 fr.

Publication du 2ᵉ Bureau de l'État-Major de l'armée. — La guerre turco-grecque de 1897 ; par le capitaine DOUCHY, de l'état-major de l'armée. 1898, 1 vol. in-8 avec cartes et croquis . . . . 5 fr.

Le commandement chez les Turcs en 1877-1878 ; par G....... 1891, in-8 . . . . 1 fr.

La guerre d'Orient en 1877-1878. Étude stratégique et tactique des opérations des armées russe et turque, en Europe, en Asie et sur les côtes de la mer Noire ; par un Tacticien, auteur de plusieurs ouvrages militaires. Ouvrage rédigé sur les documents officiels.
L'ouvrage se compose de 12 fascicules se vendant séparément.
Prix de chaque fascicule . . . . 5 fr.

Guerre d'Orient en 1876-1877. Esquisse des événements militaires et politiques ; par LECOMTE. 1877, 2 tomes en 3 parties, in-8, avec cartes . . 12 fr.

Guerre d'Orient. 1877-1878. Défense de Plevna, d'après les documents officiels et privés réunis sous la direction du muchir GHAZI-OSMAN pacha ; par le général de division MOUZAFFER, lieutenant-colonel d'état-major TALAAT bey, aide de camp du Muchir Ghazi-Osman pacha. 1889, vol. in-8 avec atlas de 10 planches en couleurs . . . . 15 fr.

Colonel W.-M. WONLARLARSKY. — **Souvenirs d'un officier d'ordonnance;** guerre turco-russe de 1877-1878. Traduit du russe par un ancien officier supérieur (le commandant WEIL). Avec une préface de M. Anatole FRANCE, de l'Académie française. Ouvrage illustré par Braun, Clément et Cⁱᵉ. 1899, vol. gr. in-8, avec 17 planches et portraits . . . . 10 fr.

La

Guerre Interbalkanique

L¹-Colonel breveté **BOUCABEILLE**

LA GUERRE
Interbalkanique

*Événements militaires et politiques
survenus dans la Péninsule des Balkans
jusqu'en octobre 1913*

PARIS
LIBRAIRIE CHAPELOT
MARC IMHAUS & RENÉ CHAPELOT, ÉDITEURS
3o, Rue Dauphine, IVᵉ (Même Maison à NANCY)
1914

AVANT-PROPOS

Abyssus abyssum invocat.

J'avais commis la « Guerre turco-balkanique »; je commets la « Guerre interbalkanique ».

J'invoque, pour mes péchés occasionnels contre la Vérité et contre l'Histoire, les mêmes circonstances atténuantes que j'invoquais déjà en présentant au lecteur mes récits de Lüle-Burgas, Kumanovo et Yénitzé-Vardar.

Mes erreurs ont les mêmes causes; mais ce que je disais jadis des Turcs s'applique maintenant aux Bulgares qui mirent un soin jaloux, cette fois, à farder une vérité que leur orgueil, souvent, estima trop pénible à avouer.

Que le Capitaine LATREILLE me permette ici de lui adresser tous mes remerciements, pour le concours qu'il m'a prêté en m'aidant à constituer la documentation de mon ouvrage, par le dépouillement et le classement des innombrables communiqués, récits et rapports, publiés par la presse, sur les événements des Balkans entre juin et août derniers. Sa tâche est d'autant plus méritoire qu'elle fut plus ingrate et je lui en témoigne toute ma reconnaissance.

P. BOUCABEILLE.

La Guerre interbalkanique

CHAPITRE I

Causes de la guerre

I. Animosité entre les anciens alliés balkaniques. — II. La traîtrise bulgare. — III. Le tollé balkanique contre la Bulgarie.

I

Animosité entre les anciens alliés balkaniques

Lorsque, au printemps de 1912, les gouvernements balkaniques se liguèrent en vue de la croisade contre le Turc, quand ils conclurent les accords réglant, de peuple à peuple, les termes essentiels des alliances, ils n'osèrent pas prévoir un effondrement de l'empire ottoman tel que le réalisèrent Lüle-Burgas et Kumanovo.

Certes, le traité serbo-bulgare du 27 février posait bien quelques indications quant au partage éventuel du territoire macédo-albanais; mais il semble que l'on n'avait envisagé là qu'une hypothèse extrême, mal étudiée, au surplus, imprécise en bien des points, même sur celui de l'arbitrage confié en principe à l'empereur de Russie, puisque les questions litigieuses à soumettre à cet arbitrage, les limites entre lesquelles il pouvait ou devait s'exercer n'étaient point définies.

« Les renseignements sur la portée et les termes exacts de ce texte, dit M. René Pinon (1), ne sont ni toujours précis, ni toujours concordants. Une ligne a été tracée, qui part approximativement de la frontière serbo-bulgare actuelle, descend le cours de la Pcinja, laissant Egri-Palanka du côté bulgare, coupe la plaine d'Ovce, franchit le Vardar et le chemin de fer à une douzaine de kilomètres au nord de Kuprulu, suit la crête des monts Golesnica et aboutit à peu près en droite ligne au lac d'Okrida, entre la ville de ce nom et Strouga.

« D'après les Serbes, cette ligne constitue une frontière fixe.... D'autres, du côté bulgare, disent que cette ligne marque seulement l'un des côtés d'une zone restée indivise; à l'est de cette ligne, tout serait bulgare. De même, au nord du Karadag, tout serait serbe; mais, entre le Kara et cette ligne conventionnelle, s'étendrait une zone, comprenant Uskub et même Dibra, dont l'attribution ne serait pas faite et pour laquelle les deux pays auraient convenu de s'en remettre à l'arbitrage du tsar.

« Ainsi, dans le premier cas, le champ soumis à l'arbitrage serait, sans restrictions, la frontière serbo-bulgare; dans le second cas, ce serait seulement une certaine zone et la frontière bulgare ne pourrait pas être reculée au delà de la ligne tracée par avance. »

Pas plus que les foudroyants succès de leurs armes, les coalisés balkaniques n'avaient prévu l'intervention de l'Autriche et, derrière l'Autriche, de l'Europe entière, prenant en mains la question albanaise et la résolvant par la

---

(1) *Revue des Deux Mondes* (juin 1913).

fondation d'un Etat indépendant, dont le territoire était prélevé presque en entier sur la part qu'attribuait à la Serbie la convention passée entre elle et la Bulgarie.

Le veto, enfin, mis par l'Autriche et l'Italie, à la demande du gouvernement de Belgrade, tendant à obtenir un port et un débouché sur la mer Adriatique, ruinait une des espérances les plus choyées par le peuple serbe, un de ses désirs les plus légitimes, un des profits les plus sûrs qu'il comptait retirer de la guerre contre l'oppresseur ottoman.

Il semble donc que la Serbie était en droit de demander à son alliée bulgare une revision du traité de 1912, à tout le moins une interprétation aussi large que possible des clauses sujettes à discussion; elle se croyait d'autant plus fondée à intercéder ainsi auprès du gouvernement de Sofia, qu'elle n'avait jamais marchandé à celui-ci ni sa peine, ni son argent, ni ses hommes, ni ses canons : l'appoint fourni par elle au corps de siège d'Andrinople, en particulier, valait bien quelque rémunération et il lui paraissait équitable que le « manque à gagner » résultant de l'intervention européenne ne fût pas uniquement supporté par elle.

Ce n'est pas ainsi que l'entendait la Bulgarie.

Pour celle-ci, le traité devait rester chose acquise; la raison majeure qu'elle invoquait était, en somme, que là où il y a un Bulgare, là doit être la Bulgarie; que la guerre de libération, que l'on venait de soutenir en commun, avait eu pour but de replacer les peuples balkaniques sous la dépendance de leurs gouvernements normaux et que, si quelque fief albanais se trouvait maintenant disjoint de la couronne serbe, ce n'était pas une raison pour incorporer à celle-ci, en guise de compensation, des territoires peuplés de Bulgares.

A ce titre, Stip, Prilep, Monastir, Vodena, Dojran, Salonique même étaient et devaient rester bulgares.

Quel pouvait être le bien-fondé de ces prétentions?

On sait que la Macédoine est habitée par des populations d'origine grecque, turque et slave : si, dans une certaine mesure du moins, l'identification des Grecs et des Turcs ne souffre pas trop de difficultés, la distinction des Slaves de provenance serbe et des Slaves de provenance bulgare est à peu près impossible. Les meilleurs documents ethnographiques, et notamment les travaux du professeur Cvijic, de Belgrade, classent ces populations sous la rubrique générale de Slaves-Macédoniens; se disent ou se croient Bulgares, comme se disent ou se croient Serbes ceux que les comitadjis bulgares ou serbes ont amenés à cette conviction par des arguments moins historiques que brutaux parfois. En fait, si les Bulgares ont des prêtres ou des écoles jusqu'à Monastir et au delà, les Serbes ont des écoles et des prêtres jusqu'à Dojran, et, de Dojran à Monastir, Serbes, Bulgares, Grecs et Turcs sont mélangés dans les campagnes, dans les villes, dans les rues, même dans les maisons.... Où tracer des frontières entre les divers groupements? En maints endroits, d'ailleurs, des communautés d'intérêt, voire de sentiments, ont aggloméré les races les unes aux autres, ont formé de véritables tribus luttant et travaillant pour une même cause locale, à telle enseigne que l'on vit des Turcs combattre, de leur plein gré, à Kumanovo et Prilep, dans les rangs des Serbes.

Les droits des Bulgares sur les territoires de la vallée du Vardar et de ses affluents de gauche, en aval d'Uskub, sont donc, historiquement et ethnographiquement parlant, pour le moins contestables.

Ce qui ne l'est pas, c'est la rivalité qui sépare les Bulgares des Grecs, rivalité faite de rancœurs séculaires, datant des jours où l'hellénisme, se targuant de sa civilisation, de sa culture et de sa religion supérieures, cherchait à asservir les pauvres « Boulgres » qu'il jugeait — et juge encore peut-être — rustres à peine sortis de la barbarie.

Et voilà les pièces essentielles du procès! Qui va le juger?

Les gouvernements s'efforcent tout d'abord de trouver un terrain d'entente : le traité de février 1912 a bien prévu, en cas de contestation, l'arbitrage de l'empereur de Russie; mais la Bulgarie, avons-nous vu, posait en principe que l'arbitrage ne pouvait statuer que sur des détails d'application du traité en cause, alors que la Serbie entendait que le traité lui-même fût soumis à revision.

Exposées à un péril commun, Grèce et Serbie, dès le commencement de juin, signent une convention militaire qui coordonne leur résistance et leurs efforts communs, éventuellement contre l'ennemi bulgare, et, pendant que la diplomatie cherche une solution du conflit, on se prépare, de part et d'autre, à la lutte, *ultima ratio* de la diplomatie elle-même. Forces grecques, serbes, bulgares se massent dans les territoires en litige ou dans leur voisinage.

Dès lors se multiplient les incidents d'avant-postes : les fusils, les canons même partent tout seuls. On s'énerve, on s'irrite de part et d'autre : le ton des conversations diplomatiques s'en ressent.

La Serbie demande à la Bulgarie de licencier les trois quarts des forces qu'elle a maintenues mobilisées sous les drapeaux. La Bulgarie réplique en proposant une occupation en commun des régions contestées... toutes propositions inutiles et qui ne semblent être faites que pour donner à chacun le temps de concentrer quelque surcroît de forces.

Pourtant on consent de part et d'autre à prendre les mesures voulues pour éviter que les attaques d'avant-postes ne dégénèrent en bataille : des commissions militaires sont nommées, comprenant des officiers de chacune des armées en présence, et une frontière provisoire est tracée entre ces dernières. La ligne de démarcation part de l'Osogovoska-Planina, suit le cours de la Zletovska, le cours moyen de la Bregalnica, celui de la Kriva-Lakavica, contourne Dojran par le sud et se prolonge, en face des forces grecques, par les hauteurs à l'est de cette localité, le nord du lac Tahinos, le massif de Prnardag, jusqu'en un point de la côte situé entre Kavala, aux Bulgares, et Leflera, aux Grecs (convention de Salonique, du 21 mai).

Dans les premiers jours de juin, une première entrevue entre les premiers ministres serbe et bulgare, MM. Pachitch et Guéchoff, reste sans résultats. Une seconde est projetée, à laquelle doit assister le premier ministre grec, M. Vénizélos : le projet n'aboutit pas.

M. Guéchoff, un des auteurs de la coalition balkanique, resté un de ses fervents défenseurs, cède alors à la pression de la faction « macédonienne », qui a su s'emparer de l'opinion bulgare, et représente le parti de l'intransigeance et du chauvinisme guerrier. M. Daneff le remplace.

Entre temps, l'empereur de Russie offre sa médiation : le 8 juin, il adresse au roi Pierre et au tsar Ferdinand un télégramme personnel :

« C'est avec un sentiment pénible, y dit-il, que j'apprends que les Etats balkaniques paraissent se préparer à une guerre fratricide, capable de ternir la gloire qu'ils ont acquise en commun. Dans un moment aussi grave, j'en appelle directement à Votre Majesté, ainsi que m'y obligent mon droit et mon devoir.

« C'est à la Russie que les deux peuples bulgare et serbe ont remis, par un acte de leur alliance, la décision de tout différend ; je demande donc à Votre Majesté de rester fidèle aux obligations contractées par Elle et de s'en rapporter à la Russie pour la solution du différend actuel entre la Bulgarie et la Serbie, considérant les fonctions d'arbitre, non pas comme une prérogative, mais comme une obligation pénible, à laquelle je ne saurais me soustraire.

« Je crois devoir prévenir Votre Majesté qu'une guerre entre alliés ne saurait me laisser indifférent, je tiens à établir que l'Etat qui aurait commencé cette guerre en serait responsable devant la cause Slave, et je me réserve toute liberté quant à l'attitude qu'adopterait la Russie

vis-à-vis des résultats éventuels d'une lutte aussi crimi-
nelle. »

Les chancelleries intéressées continuent la discussion :
chacune voudrait bien, au préalable, que l'arbitre spéci-
fiât comment il entend arbitrer. Quel sera le point de
départ? Sera-ce la thèse serbe ou la thèse bulgare?

Finalement, le gouvernement le plus intéressé à l'affaire, le gouvernement serbe, crut devoir donner une
preuve manifeste de son désir d'aboutir à une solution
pacifique, en acceptant, sans conditions, de déléguer son
premier ministre à Saint-Pétersbourg, où le tsar convo-
quait en même temps les premiers ministres de Bulgarie,
de Grèce et de Monténégro.

Il ne restait plus qu'à soumettre à la Skouptchina de
Belgrade la décision du gouvernement de M. Pachitch.

Tout semblait arrangé : la guerre paraissait évitée. Elle
commençait, au contraire, au même moment.

II

La traîtrise bulgare

Dans la nuit du 29 au 30 juin et la matinée du 30, sur
tout le front allant de la frontière serbe à la mer Egée,
Bulgares et Serbo-Grecs en viennent aux mains.

Nul doute qu'il s'agisse cette fois d'une attaque d'ensemble, parfaitement voulue et combinée. Qui l'a ordon-
née?

« Suivant les renseignements du chef de notre armée

macédonienne, dit une note bulgare remise le 1er juillet aux puissances européennes, les Grecs, dans les environs de Leftera, et les Serbes, autour de Zlétovo, près de Stip, ont attaqué hier, sans aucune cause apparente ou provocation de notre part, nos postes avancés.

« On remarqua alors derrière les premières lignes grecques et serbes un grand mouvement de troupes et, à Krivolak, sur la ligne d'Uskub à Salonique, l'artillerie se trouvait concentrée, ainsi que de nouvelles troupes, fort nombreuses.

« Cette attaque simultanée des Grecs et des Serbes paraissait préméditée et effectuée dans l'intention de provoquer nos troupes. Ces dernières, qui ont témoigné d'une longue patience, ont dû finalement riposter.

« Nous regrettons infiniment qu'au moment où il nous appartient de prendre une décision relative au partage des territoires conquis, les Grecs et les Serbes nous provoquent par des incidents sanglants dont les suites ne peuvent être que très fâcheuses. Dans ces conditions, nous déclinons toute responsabilité pour l'état créé et toutes les conséquences pouvant en résulter.

« Les ministres à Athènes et à Belgrade sont chargés de faire toutes les représentations nécessaires. »

Mais, aussitôt après, les gouvernements grec et serbe donnaient une tout autre version des faits et la publiaient dans une note remise à Sofia par les ministres de l'une et l'autre nation.

« L'armée bulgare, forte de plus de 100.000 hommes, dit la note serbe, a franchi la ligne de démarcation avec son artillerie le 17/30 juin, à deux heures du matin, et a attaqué, par surprise, les avant-postes serbes, en ouvrant un combat acharné dans lequel elle n'a même pas ménagé les blessés serbes laissés sur le champ de bataille.

« Surprise par cette attaque inattendue, notre armée a été obligée de se défendre et de repousser l'ennemi. La nouvelle de cette attaque inqualifiable de la part de la Bulgarie contre son alliée a produit une consternation en même temps qu'une révolte, aussi bien dans l'armée que dans la population civile serbe. Elle a tué la foi dans la sincérité des déclarations pacifiques faites dernièrement par le gouvernement bulgare.

« Tout ce qui est survenu après cet événement a confirmé le gouvernement serbe dans la conviction que la Bulgarie était déterminée à l'avance à résoudre par la force le désaccord bulgaro-serbe. Les papiers trouvés sur des officiers bulgares attestent, aussi bien que leurs déclarations, les intentions hostiles du gouvernement bulgare envers la Serbie.

« Toutes les autres attaques sur les différents points de la frontière serbe, telles que près de Zajecar, Pirot, etc., aussi bien que tous les événements qui se sont succédé depuis l'agression sournoise et inattendue, tout cela est de nature à accréditer et à confirmer la conviction que le gouvernement bulgare, guidé par une haine et par une inimitié inexplicables, a voulu imposer, sans la déclarer préalablement, la guerre à la Serbie, et de cette manière rompre le traité d'alliance et d'amitié.

« En constatant ces faits inattendus et regrettables, le gouvernement royal serbe suspend dès aujourd'hui tous rapports avec la Bulgarie et, en rappelant son ministre de la cour de S. M. le Roi de Bulgarie, confie la protection de ses intérêts et de ses sujets au représentant à Sofia de S. M. l'Empereur de toutes les Russies. »

« Hier, entre 7 et 8 heures du soir, expose, de son côté, la note grecque du 2 juillet, les Bulgares ont attaqué nos troupes à Leftera et à Mustenja; vers 11 heures du soir, notre détachement de Provista a également été attaqué.

« Aujourd'hui, à 4 heures du matin, des coups de canon ont été entendus au nord de Bodganci. Trois régiments bulgares de Dojran ont attaqué nos avant-postes sur la rive gauche du fleuve Vardar, vers Makucovo.

« L'artillerie bulgare tire sur les retranchements serbes de la rive droite. Les forces bulgares, avant de traverser le Vardar, ont attaqué Gjevgjéli qu'elles ont occupé.

« A 5 heures du matin, nos avant-postes ont été attaqués à près de 12 kilomètres de Karasuli, à Kilindir.

« A 7 h. 45, un bataillon bulgare a attaqué nos avant-postes à Nigrita. A 8 h. 3o, l'armée bulgare s'est avancée d'Ardzan vers Bajalca; une compagnie grecque de Leftera ayant été cernée, le quartier général a prié l'amiral d'envoyer un cuirassé pour délivrer cette compagnie.

« Le commandant du contre-torpilleur *Lion* télégraphie que, faisant une reconnaissance près de Leftera, il a trouvé les environs occupés par l'armée bulgare, qui a dirigé sur lui une fusillade et le feu de ses maxims.

« Pendant toutes ces agressions, l'armée bulgare, en violation flagrante du protocole de Salonique du 21 mai, qui établissait une zone neutre, a pénétré sur le territoire occupé par l'armée grecque.

« Ainsi, malgré notre politique sincère et pacifique, malgré nos efforts et notre attitude conciliante, l'armée bulgare a commencé, dès hier soir, une guerre injuste et fratricide. Nous sommes tenus d'ordonner à l'armée grecque de marcher contre les forces bulgares en vue de défendre ses positions et ses territoires. Nous protestons énergiquement auprès du gouvernement bulgare pour son action injustifiable et rejetons sur la Bulgarie la responsabilité pleine et entière des événements qui en résulteront. »

Quelques jours plus tard, le gouvernement serbe faisait publier le fac-similé d'un document trouvé sur un officier du 31ᵉ régiment bulgare : c'était l'ordre d'attaque donné, du village de Bagna (O. de Kocana), le 29 juin à 20 heures, par le chef de la 2ᵉ brigade de la 4ᵉ division, en exécution de l'*ordre général de l'armée n° 21*.

« Demain, spécifiait notamment cet ordre, commencent les opérations militaires contre les Serbes et les Grecs. En face du front de la brigade, les Serbes tiennent les lignes le long de la rivière de Zletovo.

« L'armée commencera ses opérations à 3 heures du matin et attaquera l'ennemi. La brigade, en deux colonnes, doit se diriger vers la rivière de Zletovo, s'en approcher sans bruit, anéantir les avant-postes ennemis, puis atteindre les points qui seront désignés. Il faut surprendre l'ennemi. »

Si l'on tient compte, ajoute le correspondant du *Daily Telegraph*, qu'il a fallu, pour établir un plan d'attaque de cette envergure, grouper préalablement les effectifs, d'après le plan élaboré, donner les ordres nécessaires et les communiquer aux moindres unités, il est facile de conclure qu'on commença à Sofia les préparatifs de cette attaque, au plus tard le 15/28 juin, alors que les Bulgares semblaient être prêts à accepter une solution pacifique du conflit.

Une autre preuve, dit le même correspondant, peut être trouvée dans le fait que le ministre de Bulgarie à Belgrade est venu au ministère des Affaires étrangères, le 3o au matin, protester contre une soi-disant agression serbe alors que les premiers combats n'avaient eu lieu que quelques heures auparavant. Or, il est évident que M. Tocheff ne pouvait avoir eu connaissance de ces combats en aussi peu de temps et qu'il avait reçu d'avance des instructions de son gouvernement pour agir comme il l'a fait.

On trouve des explications plausibles du geste bulgare, d'abord dans les sentiments de mépris que les vainqueurs de Lüle-Burgas manifestaient à l'égard du Serbe et du Grec; ils crurent que ce serait un jeu que de s'emparer de quelques nouveaux gages territoriaux vers Salonique et sur le Vardar, avant d'affronter l'arbitrage de Saint-Pétersbourg, quitte à faire endosser à leurs adversaires la responsabilité initiale des incidents provoqués à cet effet.

Et lorsque, suivant la même politique de bluff, l'ordre partit de Sofia, le 1ᵉʳ juillet, d'interrompre les hostilités, on escomptait astucieusement, ou bien que les gains réalisés par l'offensive traîtresse des armées bulgares passeraient pour acquis, au prix de quelques protestations, plus ou moins timides, de la part des Serbes et des Grecs, ou bien que la réaction des forces serbo-grecques, en vue de se ressaisir des territoires conquis par les Bulgares au delà de la frontière consentie entre les armées, se pourrait qualifier d'*ouverture des hostilités*.

Le profit ou le beau rôle, suivant le cas, restait donc au gouvernement du tsar Ferdinand et même le beau rôle n'était point sans profit, puisque, si on y avait cru à Bucarest, la Bulgarie se faisait une alliée de la Roumanie. Malheureusement, le fil qui reliait entre elles les malices bulgares était vraiment trop aisé à découvrir.

III

Le tollé balkanique contre la Bulgarie

A Bucarest, en effet, on suivait avec la plus grande attention les événements dont le sud de la Péninsule était le théâtre.

L'opinion publique roumaine, s'orientant nettement contre la politique triplicienne jusque-là suivie par le roi Carol, devinait la fourberie bulgare et réclamait hautement, en tous cas, une intervention dans le règlement définitif du statut politique des Balkans.

« La Roumanie, écrivait la *Politique* de Bucarest, ne poursuit pas l'écrasement de la Bulgarie, mais il lui faut, dans les Balkans, un état de juste équilibre qui lui donne à elle, Roumanie, la sûreté, et qui offre à l'Europe des chances durables de tranquillité. »

En vain l'Autriche offre-t-elle ses bons offices et sa médiation, proposant de s'entremettre à Belgrade pour qu'au prix de la neutralité de la Roumanie, la Bulgarie accorde à cette dernière une rectification de frontière jusqu'à la ligne Turtukaï-Baltchick.

Dès le 2 juillet, à la nouvelle des incidents de Stip et de Nigrita, une note du gouvernement de Bucarest à Sofia, Belgrade et Athènes demande explicitement si, oui ou non, l'état de guerre existe entre les armées bulgare et serbo-grecque, laissant entendre que, dans l'affirmative, la Roumanie saura prendre les mesures que lui dictent ses intérêts et que ses armées entreront en action contre l'agresseur.

— « Oui », répondent Belgrade et Athènes; « l'attaque traîtresse des Bulgares motive une contre-offensive que nous ordonnons ».

Combien eût mieux fait l'affaire de M. Majorescu et du roi Carol une intervention aux côtés de la Bulgarie! Il faut en ordonner autrement; néanmoins, tout en décrétant, le 3 juillet, la mobilisation de l'armée, on ne perd pas tout espoir, dans les sphères où l'Autriche a quelque influence, d'arriver encore à un compromis diplomatique quelconque. Les notes continuent à s'échanger entre Sofia et Bucarest : « Acceptez l'arbitrage russe sans conditions et donnez-nous la ligne Turtukaï-Baltchick, demande M. Majorescu : c'est notre dernier prix! »

Il est certain, en effet, que c'était l'extrême concession qu'eût tolérée l'opinion roumaine.

« Notre pays, écrit encore la *Politique,* veut la frontière
stratégique dont la nécessité a été impérieusement démon-
trée par les événements des derniers jours, contre un voi-
sin pour lequel les traités n'existent pas, pour lequel les
prescriptions élémentaires du droit international sont des
fictions surannées. Il faut une frontière stratégique à
l'abri des coups de main inattendus, et cette frontière ne
peut plus être abandonnée à la bonne foi conventionnelle
ou aux rapports amicaux de voisinage plus que douteux.

« Ce qui s'est passé dans la région de Stip doit nous
éclairer sur le crédit qu'on peut faire, non seulement au
bon voisinage, mais même à la confraternité d'armes
avec la Bulgarie. »

....Le 10 juillet, la Roumanie déclare la guerre à la
Bulgarie :

« Le gouvernement roumain a prévenu à temps le
gouvernement bulgare que, dans le cas où les alliés balkaniques se trouveraient en état de guerre, la Roumanie
ne saurait pas garder la réserve qu'elle s'est imposée jusqu'à présent dans l'intérêt de la paix et se verrait obligée
d'entrer en action.

« Le gouvernement bulgare n'a pas cru nécessaire de
répondre à cette communication. Au contraire, malheureusement, la guerre a éclaté d'abord par de brusques
attaques des Bulgares contre les troupes serbes sans même
observer les règles élémentaires des notifications préala-
bles qui auraient témoigné au moins du respect des
conventions et usages internationaux.

« En présence de cette situation, le gouvernement roumain a donné l'ordre à l'armée roumaine d'entrer en Bulgarie. »

L'ordre de mobilisation et la déclaration de guerre furent accueillis en Roumanie par des manifestations de véritable enthousiasme, où retentirent et se répétèrent à l'envi les cris de : « A bas l'Autriche! » signe de temps nouveaux et symptôme indéniable d'une évolution de l'opinion roumaine.

Dès les premiers indices de guerre, les Monténégrins ont promis leur concours aux Serbes : leurs brigades se concentrent vers Uskub dans le courant de juin, en même temps que les divisions du roi Pierre, et se mettent à ses ordres. C'était le juste tribut de reconnaissance que payait le roi Nicolas, en souvenir des services rendus par les Serbes à sa cause devant Scutari.

Enfin, il eût été étrange que la Turquie ne songeât pas à profiter des circonstances pour tenter de récupérer quelques-uns de ses territoires perdus : l'occasion était vraiment trop belle.

Dès le 3 juillet, en effet, la Porte fait ressortir combien les nouveaux événements lèsent ses intérêts, en empêchant la démobilisation de ses forces armées: elle déclare qu'elle se voit obligée de réserver son entière liberté d'action en cas de guerre entre ceux qui s'allièrent jadis pour consommer sa ruine.

Toutefois, dit-elle, nos regards ne vont pas au delà de la ligne Enos - Midia. Notre seule préoccupation est de réformer et régénérer ce qui nous reste.

On sait que le traité de Londres a infléchi la ligne Enos-Midia vers le sud-est, au détriment des Turcs.

Or, voici que déjà la presse ottomane réclame le redressement de cette frontière, dont elle demande le tracé direct entre les points extrêmes. On saisit l'opinion publique de tous les faits à la charge des Bulgares. On commente la félonie de leurs attaques du 3o juin. On leur impute de nouveaux massacres de musulmans; on mène grand bruit notamment autour de ceux qui se seraient commis à Kukus, lors de l'évacuation de ce point par les forces bulgares sous la pression des divisions grecques.

Le parti jeune-turc pousse à l'action.

« Nous sommes persuadés, dit le *Tanine*, qu'aucun peuple civilisé ne voudra empêcher l'armée ottomane de remplir le devoir de châtier les coupables! »

Chaque jour marque de nouvelles exigences, si bien qu'au délégué bulgare, M. Natchevitch, la Porte demande, le 6 juillet non seulement l'évacuation immédiate de Rodosto et de tout le territoire de la mer de Marmara, mais encore la renonciation à toute indemnité de guerre, la reddition sans délai des prisonniers de guerre turcs et enfin la rectification suivant une ligne droite de la frontière Enos - Midia, en fixant la date du 12 juillet comme dernier délai de la réponse bulgare à ces diverses propositions.

Entre temps, on fait entendre que l'armée turque veut la reprise de la Thrace avec Andrinople, et qu'il sera difficile au gouvernement, sous peine d'une grave révolte et des pires difficultés intérieures, de s'opposer à ce désir. On fait remarquer d'ailleurs que l'action de la Turquie serait d'autant plus justifiée que ces territoires sont presque exclusivement peuplés de musulmans,. et que la population grecque qu'on rencontre en Thrace et sur certains points de la mer Egée ne cesse de protester contre l'occupation bulgare et de réclamer la protection ottomane. Récemment encore, rappelle-t-on, le patriarcat œcuménique faisait, auprès du grand-viziriat, une démarche à cet effet.

Le 12 juillet arrive : la réponse attendue de Sofia ne comporte que la concession de la frontière Enos - Midia en ligne droite : les troupes ottomanes entrent en action le lendemain, sans toutefois qu'aucun traité, aucun accord lie leurs opérations à celles des Grecs ou des Serbes; seule, une convention provisoire passée avec Athènes avait réglé au préalable le sort des prisonniers de guerre turcs encore internés en Grèce.

Nous exposerons tout d'abord la répartition des forces bulgares sur les divers théâtres d'opérations, nous relaterons ensuite et successivement les opérations des armées grecque, serbe, roumaine et turque, sans revenir sur l'organisation de celles dont nous nous sommes occupé déjà dans notre ouvrage sur la *Guerre des Balkans*; seules, par suite, seront utiles quelques données essentielles sur l'organisation de l'armée roumaine; elles trouveront place en tête du chapitre traitant des opérations de cette armée.

CHAPITRE II

Concentration bulgare[1]

Dès la chute d'Andrinople, les divisions bulgares qui viennent d'opérer en Thrace sont acheminées à marches forcées vers la Macédoine; quelques-unes fournissent plus de trente étapes consécutives.

L'ordre de bataille est remanié, et l'on fait appel à toutes les ressources encore existantes pour renforcer les effectifs lancés contre les alliés de la veille. On incorpore tout ce qui reste des classes 1913 et 1914 dans les dépôts, où elles avaient été convoquées au cours de la campagne précédente; on incorpore également la classe 1915, ainsi que les dispensés des classes précédentes, à quelque titre qu'ils eussent bénéficié d'une dispense; on rappelle les 10° et 11° classes, c'est-à-dire les hommes âgés de plus de 45 ans; enfin on enrôle en masse les paysans macédoniens, musulmans, grecs, des territoires nouvellement occupés par la Bulgarie; quelques éléments de cette dernière provenance forment des corps indépendants dénommés « brigades de volontaires ».

On arrive ainsi à porter à quinze le nombre des divisions bulgares, mais la plupart d'entre elles se trouvent

---

(1) Je dois surtout à M. de Penennrun les renseignements dont j'ai fait état sur les ordres de bataille serbe et bulgare et qui résultent, soit de ses correspondances à l'*Illustration*, soit des communications verbales qu'il a bien voulu me faire.

réduites à deux brigades, au lieu des trois que comporte l'organisation normale : seules, les 2ᵉ, 3ᵉ, 4ᵉ, 5ᵉ, 7ᵉ, 8ᵉ et 9ᵉ ont conservé leurs anciens effectifs; les 13ᵉ, 14ᵉ et 15ᵉ, de création récente, sont formées des éléments les plus disparates, les plus jeunes et les moins solidement encadrés.

Ces forces sont réparties en cinq armées, d'importance à peu près égale; fin juin, elles sont stationnées et composées comme suit :

Au nord de Sofia, vers Ferdinand, tenant les débouchés du territoire serbe par Zajecar et les cols de Kadibogor et de Saint-Nicolas, la Iʳᵉ armée, aux ordres du général Kutintchef : 5ᵉ, 9ᵉ divisions et les trois quarts de la 13ᵉ.

Au nord-est et à l'est de Sofia, à cheval sur la route directe et la voie ferrée de Pirot-Nis, étalée de Trön à Slivnica, la Vᵉ armée, d'abord aux ordres du général Tochef, puis à ceux du général Pétrof : 1ʳᵉ, 14ᵉ divisions, 1 régiment de la 13ᵉ et la division de cavalerie.

Autour de Kjustendil, face aux débouchés d'Egri Palanka, la IIIᵉ armée, aux ordres du général Ratko Dimitrief, d'abord, ultérieurement à ceux du général Tochef : 6ᵉ, 12ᵉ, 15ᵉ divisions et corps de volontaires du général Guénef.

A l'est de la Zletovska et de Stip, le long de la ligne conventionnelle séparant l'occupation serbe de l'occupation bulgare, la IVᵉ armée, aux ordres du ministre de la Guerre, général Kovatchef : 4ᵉ, 7ᵉ et 8ᵉ divisions.

De Dojran à Kavala, en face des forces grecques, la IIᵉ armée, avec le général Ivanof : 2ᵉ, 3ᵉ, 11ᵉ divisions, moitié de la 10ᵉ et volontaires de Serès.

Enfin, une brigade de la 10° division a été laissée en Thrace, son gros orienté sur Tchadaldja; des éléments d'étapes occupent Andrinople ; le peu qui reste dans les dépôts est concentré à Chumla.

L'ordre de bataille ainsi défini subira au cours de la campagne des modifications incessantes. Dès les premiers combats, notamment, la II° armée sera appauvrie d'une bonne partie de ses 2° et 3° divisions, qui viendront renforcer la IV° armée et coopérer à l'action contre les Serbes. Plus tard, lors du recul concentrique sur Kustendil des trois armées du sud, s'opérera encore une nouvelle répartition des divisions entre elles.

Quoi qu'il en soit, on est en droit de s'étonner du dispositif admis par la concentration bulgare : cinq armées de même force sont échelonnées en cordon, de la mer Egée au Danube; il semble difficile qu'une prompte manœuvre décisive soit réalisable avec une telle dispersion originelle des forces.

Et pourtant, c'est bien une manœuvre de cet ordre que préméditent les Bulgares, quand, ordonnant des attaques sur tout leur front, dès le 29 juin, ils cherchent, par un effort plus marqué vers Krivolak, à briser l'aile droite serbe pour l'isoler de l'armée grecque.

CHAPITRE III

Opérations des armées grecques

I

L'attaque du 29 juin sur le front grec. — Capitulation des troupes bulgares de Salonique

Dans la soirée du 29 juin, vers 7 heures, les avant-
postes grecs qui occupent la région côtière au sud du
Prnardag, vers Leftera, sont attaqués par des forces bulgares venant de Kavala; peu après, vers 11 heures, les
postes grecs tenant, vers Mustenja, la vallée qui borde
le versant méridional du Prnardag, sont attaqués à leur
tour, en même temps que ceux situés vers Provista, sur le
versant septentrional.

Il y a là, en tout, deux bataillons de la 7° division hellène qui se replient, sans grande résistance, sur la rive
droite du Karasu-Struma, à l'ouest d'Orfano.

Le lendemain matin au jour, vers 6 heures, de nouvelles attaques se produisent au centre des avant-postes
grecs, sur Négrita et Berovo, mais surtout à l'extrême
gauche, à Macukovo, Bogdanci et Gjevgjeli, par où la
10° division fait la liaison avec la droite serbe.

Or, à Salonique même, tenait garnison un détachement bulgare aux ordres du major Lazaroff, servant d'escorte, en quelque sorte, au général Hessapchief, considéré comme agent diplomatique.

Le guet-apens bulgare avait été si bien préconçu, quoiqu'ait pu en démentir le gouvernement de Sofia, que la veille de la date fixée pour l'attaque le général Hessapchief avait annoncé son départ — on en conçoit aisément les motifs; —au préalable, il avait convoqué les officiers de son détachement d'escorte et leur aurait déclaré : « Les événements vont se précipiter. Notre petite troupe de Salonique va se trouver en très grand danger. Il est nécessaire d'envisager, dès à présent, la situation dans laquelle nous allons nous trouver. Je suis tout disposé à vous signer vos feuilles de route pour vous permettre de quitter Salonique. Si, au contraire, vous êtes décidés à organiser la résistance, je crois pouvoir vous dire qu'en l'espace de neuf heures l'armée bulgare sera ici. »

Tous les officiers répondirent :

« Nous n'abandonnerons pas nos postes. Nous résisterons pendant vingt-quatre heures, si c'est nécessaire. »

Dès que, le 3o au matin, furent connus à Salonique les incidents de la nuit précédente, le général grec Callaris, commandant d'armes, adresse au major Lazaroff la lettre suivante :

« L'armée bulgare ayant ouvert les hostilités contre nos troupes, j'ai l'honneur de vous prier de quitter la ville de Salonique dans le délai d'une heure à partir de la réception de la présente.

« Les armes de vos troupes seront livrées à des officiers désignés à cet effet; les officiers peuvent garder leur sabre.

« Un train spécial va transporter vos troupes jusqu'à nos avant-postes et des mesures seront prises pour leur sécurité.

« Après l'expiration du délai ci-dessus indiqué, je serai forcé, à mon grand regret, de donner l'ordre que vos troupes soient considérées et traitées comme des ennemis. »

Sur l'intervention toutefois du consul de France, désireux d'éviter et une effusion de sang et une grave perturbation dans la vie économique de la ville, pensant peut-être réussir, moyennant quelque délai, à convaincre le commandement bulgare local de la nécessité de déposer les armes, deux heures de réflexion furent accordées, au lieu d'une heure, au major Lazaroff.

Ce temps écoulé, et les Bulgares n'ayant en rien manifesté l'intention de se rendre, ordre fut donné aux troupes grecques de cerner et d'attaquer les divers cantonnements qu'ils occupaient.

« Toutes les mesures nécessaires, ajoute le correspondant du *Temps*, avaient été prises d'ailleurs pour empêcher, autant que possible, que la tranquillité de la ville ne fût troublée par la résistance des Bulgares. C'est ainsi que l'on avait placé, depuis quelques jours, autour de tous les campements bulgares, de forts détachements militaires, de telle façon que la sortie des campements et la fuite d'un seul soldat étaient impossibles.

« La police avait interdit en même temps et avant le commencement de l'action toute circulation des voitures et du public, et avait ordonné que tous les magasins situés dans la zone dangereuse fussent fermés. »

Les Bulgares occupaient une dizaine d'immeubles dans la rue Aga-Sofia, sur le boulevard Hamidieh, l'église Sainte-Sophie, les maisons adossées à cette dernière et une école de jeunes filles dans le voisinage.

Dès 7 heures, l'attaque commençait, à peu près simultanément, sur les divers groupements ennemis, après que nouvelle sommation leur eut été faite de se rendre. Mitrailleuses et canons furent mis en action.

A 10 heures et demie, les fractions bulgares qui se défendaient dans la rue Aga-Sofia commencèrent à se rendre. Celles qui occupaient l'église et ses abords offrirent une résistance plus sérieuse, d'autant mieux que les Grecs, de crainte d'endommager l'église, ne voulurent point de ce côté se servir de leur artillerie. Le combat dura toute la journée du lundi 30 et toute la nuit suivante : l'église fut enlevée d'assaut à l'aube du 1er juillet : à 10 heures et demie, les derniers groupes bulgares, retranchés dans son voisinage, dans l'école de jeunes filles et la maison de l'archevêque bulgare, se rendaient enfin et avec eux le commandant Lazaroff.

L'affaire coûtait : aux Grecs une trentaine de tués et de blessés; aux Bulgares, une soixantaine de tués, une vingtaine de blessés; le reste de leur détachement était fait prisonnier, soit environ 1.300 hommes et 14 officiers, qui furent internés en Crète.

II

La bataille de Kukus (Kilkis)

L'attaque brusquée tentée par les Bulgares dans la région de Salonique, les 29 et 3o juin, n'a provoqué, en somme, que le retrait des avant-postes grecs couvrant les gros des divisions, installés entre le Vardar et le golfe d'Orfano.

Le 1ᵉʳ juillet, l'armée bulgare du général Ivanof (IIᵉ) occupe et organise, de l'est à l'ouest, la crête du Besikdag, de l'embouchure de la Struma au plateau de Lahana, que traverse la route de Salonique à Serès, le contrefort puissant qui domine cette route au nord jusque vers Ambarkoj sur le Galiko, les hauteurs au nord de Postolari, sur la rive droite de la même rivière, et enfin celles au nord et au nord-est du lac Ardzan commandant la rive gauche du Vardar dont le passage de Gjevgjeli a été enlevé.

Deux centres principaux de résistance ont été organisés, l'un sur le plateau de Lahana avec deux avancées sur Likovan et Berovo, l'autre, le plus solide, autour de Kukus, où quelques pièces lourdes ont pu être mises en batterie; à l'ouest Macukovo et Kalinova sont solidement tenus.

Des avant-gardes poussées vers le sud amorcent la suite éventuelle du mouvement offensif des Bulgares et couvrent le gros de leurs forces en occupant une ligne de points d'appui secondaires dont les principaux sont, de l'est à l'ouest : Sulovo, Visoka Ambarkoj, la cote 250 (N. Postolari), la hauteur ouest de Spancovo (O. lac Ardzan) et enfin Gjevgjeli.

A sa gauche, le général Ivanof a disposé sa 11ᵉ division et les volontaires de Serès : au centre la 2ᵉ, à droite la 3ᵉ; nous savons qu'une notable partie de l'une et de l'autre de ces dernières se retourneront contre les Serbes. Il est vraisemblable que la 10ᵉ division, du moins la fraction de cette unité comptant à la IIᵉ armée, ait été primitivement réservée.

Il ne semble pas que la mission assignée à cette armée ait impliqué une offensive à fond sur les forces grecques; les attaques prononcées contre elle et qui ont été dirigées tout d'abord sur leur extrême droite, dans le Prnardag, ne paraissent avoir eu pour but que de détourner l'attention vers des points où ne se préparait pas le coup décisif.

Quoi qu'il en soit, après les premiers émois du 29 et du 30, les Grecs ont le répit nécessaire pour assurer leurs dispositions préliminaires et amorcer leur riposte.

Les premiers ordres du roi Constantin, qui reste à la tête de ses armées avec le général Dousmanis comme chef d'état-major disposent (1) :

— à l'extrême droite, entre le golfe d'Orfano et le lac Besik, la 7ᵉ division;

---

(1) L'ordre de bataille grec n'a pas été publié : on peut tenir pour certains les emplacements des 2ᵉ et 10ᵉ divisions; pour certains encore, mais déjà avec une nuance plus imprécise, les emplacements des 5ᵉ et 3ᵉ; pour à peu près certains ceux de la 7ᵉ; pour probables seulement ceux des 1ʳᵉ, 6ᵉ et 4ᵉ.

— entre le lac Besik et le lac de Langaza, la 6ᵉ;

— au centre, entre le lac de Langaza et le Vardar, une masse de cinq divisions, savoir : 2ᵉ vers Baldza, 1ʳᵉ vers Gradobor et les hauteurs de Dautbaba, 5ᵉ vers Bulgarijevo, 3ᵉ entre Kadiköj et Dogandzi, 4ᵉ et brigade de cavalerie en arrière et à droite du front tenu par les précédentes;

— à l'extrême gauche, vers Bohemica et Karasuli, sur le Vardar, reste la 10ᵉ division.

Ce sont là toutes les forces disponibles de l'armée grecque sur le théâtre des opérations; les 8ᵉ et 9ᵉ divisions sont encore en Epire et dans le sud de la Macédoine : la 8ᵉ seule en sera rappelée en vue de l'occupation des côtes, de Salonique à Dédéagac.

La flotte, de son côté, rentre en action et, dès le 1ᵉʳ juillet, une escadrille de contre-torpilleurs canonne les fractions bulgares qui ont occupé Leftera.

Le même jour est donné l'ordre général d'opérations pour l'armée grecque, impliquant l'offensive sur tout le front dès les premières heures du 2 juillet. Cet ordre expose qu'à la vérité la guerre n'est pas déclarée — et, de fait, le ministre de Grèce à Sofia ne sera rappelé que le 4 — mais que l'attaque traîtresse des Bulgares constitue un *casus belli* au premier chef.

A droite, la 7ᵉ division, en conséquence, se portera par Maslar et Sulovo sur Nigrita et le pont de la Struma à Orljak; la 6ᵉ, par Visoka abordera le plateau de Lahana.

L'objectif général assigné à la masse centrale est Kukus, savoir :

— 2ᵉ division de Baldza par Daudli et Sariköj;

— 1re, de Gradobor par Ambarköj;

— 5°, de Bulgarijevo par les hauteurs de la rive droite du Galiko;

— 3°, de Dogandzi par la vallée du Zensko et Avret-Hissar;

— la 4e division, par la route de Salonique à Serès, doit maintenir la liaison entre le groupe de droite et le groupe central, appuyer le mouvement de l'un ou de l'autre suivant le cas.

A gauche, la 10e division doit franchir le Vardar et prendre pour objectif ultérieur Dojran.

Nous résumerons d'abord les opérations des groupes placés aux ailes, puis celles des divisions du centre, orientées sur la direction générale de Kukus.

*
* *

La 7e division se heurte, le 2, à une première résistance, dont elle triomphe aisément, aux abords de Sulovo.

Au delà, des fractions ennemies occupent la crête du Besikdag (cote 500), qui est enlevée le même jour. On aborde alors Nigrita et les hauteurs à l'ouest, que les Bulgares tiennent plus solidement.

Le 3, débordée d'ailleurs par l'action de la 6e division, la position est forcée : l'adversaire se replie vers le nord, par le pont d'Orljak, sans plus insister; mais en évacuant Nigrita, il a mis le feu à la ville, massacré ses habitants grecs ou musulmans, sans en excepter femmes ou enfants.

L'avant-garde de la 7e division, qui s'est mise à la poursuite sans tarder, trouve détruit le pont d'Orljak.

Partie au nord de ce point, partie au sud, des fractions grecques traversent le fleuve au moyen de barques que l'on a pu trouver sur place, engagent la lutte sur la rive gauche, avec une arrière-garde bulgare couvrant la retraite des gros et permettent au génie grec, dans la journée du 4, sous la protection de batteries installées sur la rive droite, de rétablir le pont détruit, d'où l'on s'acheminera sur Serès.

Plus à gauche, la 6ᵉ division à son débouché de Kara-Cmerli refoule de Visoka quelques éléments adverses et aborde la défense de Zarovo et de Berovo, qui couvrent face au sud la position de Lahana. A l'ouest, un détachement aborde de front le point de Likovan (2 juillet).

Pendant ce temps, la 4ᵉ division, qui cheminait par la route de Salonique à Serès, a reconnu l'occupation de Stefania-Muselim et de Klepé, au nord de ladite route. Le soir du même jour, elle était maîtresse de ces localités et de la cote 605 au nord de Klepé. Orientant alors son action vers le nord-est, suivant la crête où elle a pris pied, la 4ᵉ division déborde et tourne, le 3, la défense de Likovan et de Lahana que la 6ᵉ a continué d'assaillir par le sud.

Dans la soirée l'un et l'autre de ces points d'appui sont occupés par les Grecs : quelques compagnies bulgares cernées dans Likovan y ont mis bas les armes; une dizaine de canons ont été pris : la retraite des trois à quatre régiments d'infanterie, que l'adversaire avait mis en œuvre sur son aile gauche, s'est opérée sur la direction générale de Demir-Hissar.

A l'aile opposée, la 10ᵉ division se fractionne en deux :

Boucabeille

une colonne, forte d'environ quatre bataillons, et un groupe d'artillerie se portent sur Gjevgjeli par Kara-Snanci et la rive droite du Vardar; le reste de la division, franchissant le fleuve au pont de Karasuli, attaque et emporte, le 2, les hauteurs au nord de ce point (cote 250).

Le 3, l'offensive de la division se poursuit : Bajalca est pris et la vraie ligne de résistance des Bulgares se révèle alors, établie sur les hauteurs entre Macukovo et Kalinova.

Or, dans la matinée de ce même jour, le détachement de Gjevgjeli a réussi à occuper ce point : les Bulgares, obligés dans leur retraite de franchir le pont sur le Vardar exposé aux coups de l'artillerie grecque, ont même subi des pertes sérieuses. Franchissant le fleuve sur leurs talons, ce détachement a pu alors actionner à revers les défenseurs de la région de Macukovo, qui ont reflué vers le nord.

A la droite de la 10ᵉ division, la résistance a été plus opiniâtre : à la chute du jour, Kalinova et les hauteurs qui l'environnent sont toujours aux mains de l'ennemi. Pertes subies, fatigues éprouvées, nuit survenant, toutes ces raisons font qu'aucune poursuite n'est tentée à gauche et les Bulgares, malgré leurs propres pertes en hommes et en canons (une vingtaine), auront le temps d'organiser une nouvelle résistance sur les hauteurs au sud de Dojran.

C'est là que reprendra la lutte le 5 au matin, en liaison, cette fois plus intime, avec les opérations qui se déroulent en même temps au nord de Kukus et dont nous parlerons plus loin.

Dojran est occupé le 6. Les Bulgares, escomptant sans doute la victoire, n'avaient pas hésité à accumuler en ce point, malgré sa proximité des champs de bataille où ils allaient provoquer leurs adversaires, des approvisionnements importants, qui seront les bienvenus pour l'armée grecque : 5oo.ooo kilos de farine, 2oo.ooo de fourrages, 5o.ooo de riz, 2o.ooo de sucre, etc., étaient, pour cette dernière, un appoint non méprisable, dont la perte allait être d'autant plus sensible à l'adversaire que sa retraite se devaït effectuer à travers un pays difficile, sans voie ferrée, même sans grande voie de communication.

*
* *

Au groupe central, les premiers contacts sont pris, le 2, dans la matinée, à droite vers Ambarköj, qu'emportent les 1er et 7e régiments, à la 5e division au nord de Postolari. Dès son débouché sur les pentes au delà de Bulgarijevo, cette dernière unité a été violemment prise à partie par une artillerie supérieure et bien défilée; la progression a été lente et pénible; l'artillerie grecque n'a pu que médiocrement soutenir son infanterie, qui a laissé sur le terrain plus d'un millier de tués et de blessés.

Le soir du 2, la hauteur de la cote 25o (N. de Karabunar) était enfin conquise.

A gauche de la 5e division, la 3e avait progressé à moindres frais sur Avret-Hissar.

On était parvenu, sur tout le front, en face de la ligne principale de résistance ennemie, qui ne développait pas moins, au sud de Kukus, de sept à huit kilomètres de tranchées et d'ouvrages, parfois sur deux et trois lignes de profondeur.

Aucun incident notable durant la nuit. Au jour, l'attaque reprend. Les 1ʳᵉ et 5ᵉ divisions abordent la position de front, tandis que la 2ᵉ, à droite par Sariköj, et la 3ᵉ, à gauche par Avret-Hissar, cherchent à la déborder.

Certes, les effectifs déployés par l'armée grecque sont nettement supérieurs à ceux que les Bulgares ont encore disponibles aux abords de Kukus. Néanmoins, la rareté des positions d'artillerie utilisables par les Grecs, pour venir en aide à leur infanterie sur un terrain où l'ennemi a soigneusement préparé la résistance, livre les fantassins hellènes à l'action combinée des fusils et des canons bulgares.

Ce n'est qu'au prix de lourdes pertes, bravement consenties d'ailleurs par les troupes du roi Constantin, que les positions de Kukus sont forcées, dans l'après-midi du 4, et que les défenseurs les abandonnent sous la pression des baïonnettes; Kukus et les villages environnants avaient été livrés aux flammes par les Bulgares, les habitants grecs et musulmans massacrés, comme à Nigrita.

Le soir même, le général Ivanof fait front à nouveau, quelques kilomètres plus au nord, aux environs de Janès et d'Irikli.

La lutte se poursuit donc, le 5, au delà de Kukus.

La 2ᵉ division est dirigée de Sariköj sur Kürküt; les 5ᵉ et 3ᵉ, et, ultérieurement la 1ʳᵉ, s'orientent sur Irikli et Janès; à leur gauche, la cavalerie cherche la liaison avec la 10ᵉ division.

Celle-ci, de son côté, redouble d'efforts pour s'emparer des passes de Kilindir; la lutte est plus particulièrement âpre au sud-ouest de ce point et la conquête de Kalinova ne s'achève que dans l'après-midi du 6 sur une belle charge des evzones.

Les dernières résistances bulgares sont vaincues le 6, après un combat de sept heures entamé dès l'aube et dont presque tout le poids est retombé sur la 3ᵉ division, opposée — coïncidence que la simple curiosité fait souligner — à la 3ᵉ division ennemie. La cavalerie grecque joua ici un rôle notoire en retardant l'arrivée sur le champ de bataille de forces adverses primitivement réservées vers Kilindir ou prélevées sur les effectifs opposés à la 10ᵉ division.

Dès l'après-midi du 6, la quasi-totalité de la IIᵉ armée bulgare, à l'exception des éléments de la 11ᵉ division repliés sur Serès et Demir-Hissar, était en pleine retraite sur Strumica, apportant de ce côté l'appoint de quelques forces, moralement et matériellement éprouvées il est vrai, mais dont l'intervention pouvait peut-être, dans l'esprit du commandement bulgare, contribuer à limiter l'insuccès largement accusé déjà dans la bataille contre les Serbes.

Le même jour, une offensive de comitadjis sur Gjevg-jeli, mettait en péril, durant quelques heures, le bataillon grec laissé à la garde du pont sur le Vardar.

Le 7, le gros des forces grecques bordait la voie ferrée Dojran, Demir-Hissar; le quartier général de l'armée s'installait à Dojran.

L'ensemble des pertes grecques dépassait dix mille hommes; les pertes bulgares ne furent pas avouées; seuls, les rapports grecs accusent la capture d'une cinquantaine de canons ennemis et d'environ 2.5oo prisonniers.

S'il faut remarquer que les huit divisions hellènes n'ont guère eu affaire qu'à des forces deux et peut-être trois fois moindres, il faut signaler aussi que l'adversaire auquel elles se sont heurtées n'avait rien de commun avec celui dont elles avaient précédemment triomphé, on sait avec quelle aisance, à Elassona et à Yenitzé-Vardar.

La résistance bulgare tira d'un terrain hérissé d'obstacles le parti maximum : elle obligea l'armée grecque à éparpiller ses efforts sur plus de cent kilomètres de front, à prononcer des attaques dans les conditions les plus difficiles, parfois en pleine montagne, alors que les divisions du roi Constantin ne disposaient, pour la plupart, que de canons de campagne.

En outre, la valeur des troupes bulgares sut toujours faire payer très cher les assauts qu'elles subirent. A aucun moment, il n'y eut déroute de leur part : en arrière d'une ligne de résistance tombée s'en révélait toujours une autre.

Ce furent six journées de combats consécutifs que les Grecs eurent à livrer, sous une chaleur torride — autre circonstance qui se trouvait contre eux : elles semblent être tout à leur honneur et ceci ne diminue en rien d'ailleurs le mérite de la défense.

Les adversaires ont fait preuve d'égales qualités militaires (1).

III

De Kukus à Simitli

La retraite de la II° armée bulgare s'est opérée, en fort bon ordre, le 6, avons-nous dit, sur deux directions divergentes, à l'ouest sur Strumica, à l'est sur Demir-Hissar.

Dans le même temps, comme nous le relaterons au chapitre suivant, la bataille en face des Serbes était virtuellement perdue déjà pour les vainqueurs de Lüle-Burgas; seules tenaient bon encore les divisions en action contre la droite serbe vers Krivolak; la défaite de celles opposées au centre et à la gauche de l'armée du roi Pierre va entraîner le recul des précédentes, qui prendront leur direction sur Pehcevo.

Pour couvrir ce mouvement, le groupe occidental de l'armée d'Ivanof va faire front à nouveau dans les passes de Belasica Planina; néanmoins, des trains, des convois, des sections de munitions antérieurement repoussés de Stip vers l'est, par la vallée de la Strumica, dont on pré-

---

(1) Dans les archives abandonnées à Kukus par les Bulgares, les Grecs trouvèrent, entre autres, deux documents importants prouvant encore que les Bulgares avaient préparé de longue main leur attaque du 29. L'un de ces documents est un ordre du 32° régiment d'infanterie de Zdrowski, n° 4, daté de Hassan-Ombaci, 29 juin, 7 heures du matin; dans ce document, les Grecs — les alliés encore — sont qualifiés « l'ennemi ».

jugeait alors la sécurité, vont se trouver la proie des Grecs.

Un groupe de l'armée de Constantin va poursuivre sur la direction de Strumica, l'autre sur la direction de Demir-Hissar, ce dernier ayant mission, en outre, de balayer le pays entre la Struma et la Mesta.

Pour apporter quelque clarté dans l'exposé d'opérations, nettement distinctes les unes des autres la plupart du temps, nous suivrons d'abord le développement de l'action du groupe occidental des forces grecques jusqu'à l'occupation de Strumica, ensuite et de bout en bout jusqu'à la frontièrc bulgare, vers Mehomija, l'action du groupe oriental; nous reviendrons alors et enfin à la suite des opérations du premier groupe jusqu'à la bataille de Simitli, qui termine les opérations hellènes.

*
* *

Les Bulgares, en évacuant Dojran, ont emmené avec eux l'évêque grec Photius et une trentaine de notables; ils ont frappé la population musulmane d'un formidable impôt s'élevant jusqu'à mille francs pour certaines catégories d'habitants; ils ont incendié et pillé suivant la tradition par eux établie depuis le début de cette guerre.

Tant sous l'indignation de pareils procédés que sous la pression des nécessités militaires, que fait ressortir la situation encore indécise à l'aile droite serbe, le roi Constantin, malgré la fatigue de ses troupes, ordonne la poursuite immédiate sur tout le front.

A gauche, quatre des divisions qui viennent de triompher à Kukus et Dojran sont portées de ce point et de Brest vers le nord et le nord-ouest.

Une seule utilise la grand'route qui, par le défilé de Kosturino, mène à Strumica; c'est aux abords de ce défilé qu'a été organisée la résistance bulgare.

La lutte engagée le 7 juillet sur Kosturino ne comporte aucun résultat; ce n'est qu'au cours de la nuit du 7 au 8, que les Grecs réussissent à s'approcher à quelque deux cents mètres des tranchées et ouvrages adverses; dans la même journée, en outre, les trois autres divisions, utilisant respectivement les sentiers muletiers franchissant l'arête montagneuse aux cotes 850, 1069 et 1494, se mettent en mesure, dès l'aube, le 8, de déborder largement la défense ennemie qui se replie alors, sur Berovo principalement.

L'armée grecque de l'ouest se reforme, le 9, entre Gabrovo et Vodoca; sa cavalerie, portée sur Radovista, entre en liaison avec la cavalerie serbe du prince Arsène.

Quelques journées d'un repos bien gagné sont alors accordées aux troupes; aussi bien faut-il laisser à l'armée de l'est le temps d'accomplir sa mission, rétablir la voie ferrée de Demir-Hissar qui ne fonctionne, le 11, que jusqu'au lac Bulkova, préparer enfin toutes les mesures et tous les approvisionnements nécessaires à la suite des opérations qui vont s'orienter sur l'axe de la Struma vers Dzumaja et la frontière bulgare.

Entre temps, le 9 juillet, un détachement mixte grec, fort d'un bataillon et d'une batterie, parti des environs de Sugova, franchissant les passes centrales du Belasica-planina, surprenait et mettait en déroute à l'ouest de Petric un détachement ennemi supérieur en forces; le 12, au nord-ouest de Petric encore, était capturé un important convoi bulgare, comptant plus de 400 chariots.

*
* *

Trois divisions, aux ordres du général Manoussoyanakis, constituent le groupe de l'est, où nous savons que, dans la soirée du 4 juillet, la 7° division était maîtresse du pont de la Struma à Orljak.

Des pointes de cavalerie, lancées aussitôt vers l'est, font connaître, dès le 7, que Serès est évacué par l'ennemi qui s'est replié vers le nord : on signale encore toutefois l'occupation de Drama.

La concentration de forces importantes vers Demir-Hissar s'imposait en effet aux Bulgares, s'ils voulaient tenir et couvrir leur direction de retraite sur Dzumaja : c'est là, par suite, qu'ont reflué les forces battues à Nigrita et Lahana et une notable partie de celles primitivement échelonnées entre Serès et Kavala, soit, en tout, une trentaine de bataillons appartenant notamment à la 11° division et aux brigades de Drama et de Serès.

La position choisie, écrit le correspondant du *Temps*, auquel nous empruntons le récit qui va suivre, était fort importante, car elle ferme la route de Petric et celle de Dzumaja; elle maîtrise le pont du chemin de fer Serès-Dojran; de plus, naturellement très forte, elle est protégée par la Struma.

Pour plus de sûreté, les Bulgares avaient établi quatre pièces de lourde artillerie et avaient occupé les hauteurs de Vétrina sur la rive ouest de la Struma, si bien que le défilé de Derbden était absolument interdit. Des trois divisions du général Manoussoyanakis, l'une était chargée de surveiller la Struma jusqu'au lac de Tahinos, afin de prévenir les attaques de flanc; avec les deux autres, il se porta à Hadzi-Beylik, face à Demir-Hissar. Dès le 9 juillet, il attaquait les Bulgares et réussissait à les déloger du village de Késistik devant Vétrina, mais ne put pousser plus loin, car son artillerie restait incapable de lutter avec la lourde artillerie bulgare.

Le général grec pallia ce désavantage en mettant à profit la nuit pour avancer ses canons à distance utile et, reprenant l'offensive dès l'aurore, il occupa Vétrina et rejeta les Bulgares à l'est de la Struma. Ceux-ci arrêtèrent à nouveau son élan en faisant sauter une arche du pont du chemin de fer. Le général Manoussoyanakis leur répondit en suspendant son attaque et marchant vers le nord. Craignant qu'il ne trouvât un gué et ne les coupât, les Bulgares abandonnèrent alors précipitamment Demir-Hissar, y laissant toute leur lourde artillerie et une quantité énorme de vivres et de munitions.

Sur la partie des groupes adverses repliés de Serès vers le nord directement ou concentrés encore vers Drama, fut portée la 7ᵉ division, aux ordres du général Paris; Kavala venait d'être occupé, le 9, par l'amiral Kountoriotis.

Le général Paris se dirige d'abord sur Serès, où il entra

le 11 juillet (1); de là, il oriente le gros de sa troupe sur Brodi, par les défilés de Babina; à droite, un détachement est porté sur Drama et doit, de là, remonter sur Zernovo; à gauche, un second détachement fort de deux bataillons et d'une batterie de montagne, partant de Demir-Hissar, se portera sur Krusevo et Libjahovo.

A la colonne du centre, dans la nuit du 14 au 15 juillet, les avant-postes sont violemment attaqués, au sud des passes de Babina, par trois bataillons bulgares.

Le 16, l'action, menée à fond par le général Paris, réussit, après une lutte de huit heures, à forcer les défilés et à gagner les abords de Brodi : les honneurs de la journée reviennent au bataillon Pavlopoulos, qui enlève à la baïonnette les dernières tranchées ennemies.

Nouvelle attaque de nuit, en ce point, de la part des Bulgares, qui échouent à nouveau et se replient alors, dans la journée du 17, vers l'est, sur Starcista, et vers le nord, sur Karaköj.

Pendant que ces événements se déroulent à la colonne du centre, le détachement de droite triomphe, le 14, à Alistrat et Kritsovo, après une lutte de près de sept heures, des forces bulgares qui occupent Drama et s'empare d'un convoi de matériel et de munitions comptant 70 voitures. Une partie, franchissant le Bozdag à Mukros, se porte sur Papasköj; l'autre, passant par les cols au nord du Kirdzal-

---

(1) Serès fut trouvé détruit aux trois quarts : plus de 200 habitants grecs y avaient été massacrés. De même et pis encore, la colonne envoyée sur Drama trouva le village grec de Doksat (sud de Drama) ravagé de fond en comble et tous les habitants tués. Ces faits motivèrent une enquête des consuls européens. La sanction ? ?...

tepé, vient attaquer à Zernovo, le 18, les groupes adverses reconstitués en ce point, qui ne peuvent que céder à sa pression et à celle de la colonne centrale survenant à point nommé sur leur aile droite.

Quant au détachement parti de Demir-Hissar, il rompt à Krusevo une faible résistance qui lui est opposée et se trouve, le 18, en liaison avec la colonne centrale.

La totalité des forces aux ordres du général Paris se porte alors sur Névrokop.

Le 19 juillet, elles se heurtent à une défensive que les Bulgares ont organisée en ce point et sur les hauteurs de Papascajir qui le surplombent à l'ouest. Ils ont réuni là, venus tant de Drama que de Demir-Hissar, une douzaine de bataillons et deux à trois groupes d'artillerie : la majeure partie de ces derniers est en batterie sur les contreforts du Papascajir; les premières lignes de l'infanterie tiennent Copriviani.

Six heures durant, sous une pluie battante, les forces grecques déploient ou répètent leurs attaques : elles finissent, à la nuit tombante, par avoir raison de la ténacité de leurs adversaires, qui laissent sur le terrain la quasi totalité de leur artillerie.

En retraitant, les Bulgares accumulent les obstacles devant la poursuite de la 7ᵉ division; ils détruisent les ponts, obstruent la route. Ce n'est que le 21 que les forces grecques, remontant la Mesta, atteignent Obidin et, le 23, la région Banjska, Mahomija; quelques-uns de leurs éléments prennent pied dans le Rhodope.

*
**

Revenons au groupe de l'ouest.

Bien que les Bulgares, soit faute de temps, soit par ignorance de la présence d'un fourneau de mine cependant existant, n'aient fait sauter qu'une seule arche du pont du chemin de fer sur la Struma, près de Demir-Hissar, ce n'est que le 17 juillet au soir que pourra être reprise, jusqu'à la route de Dzumaja, la circulation normale des trains venant de Serès.

Le génie grec, tout en poursuivant la réparation de ce pont, en a construit dans son voisinage un autre, fait de chevalets, mais qui, le 18, seulement, sera accessible aux troupes de toutes armes.

L'activité des forces grecques, qui doivent constituer le centre de l'armée et s'acheminer par la vallée de la Struma, se trouve par suite ralentie : ce sont les 1ʳᵉ et 2ᵉ divisions, la 4ᵉ division les suivant en seconde ligne; la droite, que nous avons vue à l'œuvre, ne comprend donc plus après Demir-Hissar, que les 6ᵉ et 7ᵉ divisions, la gauche restant formée des 10ᵉ et 3ᵉ (1).

Ces dernières, dirigées sur Pehcevo, ont à franchir la chaîne du Melès en des points voisins de 1.500 mètres d'altitude, par des chemins simplement muletiers.

-----

(1) Ordre de bataille certain pour les 6ᵉ, 7ᵉ, 1ʳᵉ et 2ᵉ divisions; à peu près certain pour les 3ᵉ, 10ᵉ et 4ᵉ. Il est vraisemblable que la majeure partie de la 5ᵉ a été laissée dans les garnisons en arrière de la gauche et du centre et que la 4ᵉ ne sera amenée qu'à Simitli en renfort des 10ᵉ et 3ᵉ.

Nous avons dit aussi la nécessité d'attendre que l'aile droite ait achevé son large mouvement, pour reporter en avant l'ensemble de l'armée.

Toutes ces raisons expliquent la lenteur relative des opérations du centre et de l'aile gauche.

Le 16, des détachements d'avant-garde occupent Melnik; le 21, après une série d'escarmouches, les têtes de colonne, suivant la vallée de la Struma, atteignent les débouchés sud des défilés de Kresna; le 22, elles se présentent aux issues nord.

Devant l'aile gauche se sont multipliées les pires résistances.

Le 20, elle a pu enlever Pehcevo; mais, dans la nuit du 20 au 21, les Bulgares se renforcent : une bonne partie de leurs 3e et 10e divisions se trouve sur le champ de bataille et livre assauts sur assauts aux divisions grecques. Au jour levé, la lutte se poursuit et tourne peu à peu à l'avantage de ces dernières, qui emportent, disent les comptes rendus officiels, jusqu'à cinq lignes successives d'ouvrages et couronnent, en fin de journée, les hauteurs au nord de Pehcevo (Radica et Radijica — 1.700 et 1.900 m.); elles tiennent également, à l'ouest, le col de Brukovik.

Les pertes sont fort lourdes des deux côtés : les 16e, 22e et 42e régiments bulgares ont environ les deux tiers de leur effectif tués ou blessés.

Partout, d'ailleurs, les Bulgares ont éprouvé des pertes sensibles, au cours de ces dix jours de luttes; du 10 au 21 juillet, ils ont, au total, laissé aux mains des Grecs au moins 16 pièces de campagne, 4 pièces lourdes, 2 obusiers, 20 mitrailleuses, environ 10.000 prisonniers et une quantité énorme de matériel et de munitions.

IV

Bataille de Simitli

Au nord des passes de Kresna, les Bulgares ont regroupé les forces qu'ils opposent à la poussée des Grecs. Leur résistance s'appuie à droite aux hauteurs de Rujen (1.257 mètres), à gauche à celles de l'Obesenik, vers Porogos-Mahala; le centre est en avant de Simitli.

Les voies de communication ont été mises hors d'usage; les ponts sont détruits; au surplus, les batteries bulgares enfilent et battent les principaux débouchés.

La situation de l'armée grecque, la veille du jour où elle va reprendre son offensive vers le nord, est celle que nous avons définie précédemment.

De nouveaux ordres sont donnés, le 23, qui poussent le centre directement sur Simitli, assignent à la droite une mission débordante avec, comme objectif, les monts Arisvanica et à la gauche, partant de la région de Pehcevo, la direction générale du Rujen.

La bataille de Simitli, qui va commencer, comporte deux phases très nettes : une première, allant du 24 au 26 juillet, où tout semble aller, sans difficultés, au gré du commandement grec; une seconde, du 27 au 30, où une contre-offensive bulgare, dirigée à la fois sur les deux ailes grecques, met l'armée hellène en posture délicate : l'armistice, survenu le 31, la tire d'une aventure qui eût, peut-être, mal tourné pour elle.

Le 24 juillet, les divisions du centre commencent à déboucher de Kresna, lentement, par infiltration pourrait-on dire : aucune pièce de canon ne s'aventure hors des défilés.

Dans la nuit du 24 au 25, l'infanterie des 1re et 2e divisions conquiert quelques-unes des avancées bulgares, reprend la lutte au jour, encore sans soutien de son artillerie, qui ne commencera à sortir des terribles passes que dans la nuit du 25 au 26.

A droite, les 6e et 7e divisions franchissent le Perim-Planina au col de Predelhan, au prix de mille fatigues, et engagent, dès le 25, une lutte très chaude sur Marova qu'elles occupent en fin de journée.

A gauche, on débouche au delà du Radika et du Radijika, marchant sur Rujen et débordant la droite bulgare par les hauteurs de la rive ouest de la Zelesnica.

Le 26, le centre, à cheval sur la Struma, poursuit son action directe sur Simitli : douze batteries bulgares, dont une d'obusiers, sont en action contre lui et il ne peut encore leur opposer qu'un nombre très inférieur de canons. Les artilleurs grecs, non sans succès, cherchent à compenser leur infériorité numérique par leur habileté : ils réussissent notamment à soutenir la progression d'un bataillon de la 1re division qui parvient, bien qu'en perdant les deux tiers de son effectif, à enlever la batterie d'obusiers mise en ligne par l'adversaire et dont le tir gênait considérablement l'artillerie grecque. A la nuit, le centre bulgare avait marqué un notable recul devant le centre grec qui avait dépassé Simitli, franchi l'Osenova, pris Gradevo et s'étageait sur les pentes méridionales du Papasbasi à l'est d'Uranovo : cet effort coûtait aux Grecs 2.500 tués ou blessés, dont 2.000 à la seule 2ᵉ division.

Cette offensive centrale avait été puissamment secondée par les succès remportés aux ailes.

A droite, les 6ᵉ et 7ᵉ divisions, par la vallée de Marova et Osenovo, avaient assailli, escaladé et conquis le massif de l'Arisvanica (1.378 m.).

Quant au groupe de gauche, malgré l'accumulation des défenses bulgares qui comprenaient, en avant du Rujen, jusqu'à trois et quatre lignes d'ouvrages, il avait réussi à maîtriser ce point, poursuivi les occupants jusqu'au Vidren, où les recueillait une nouvelle résistance des leurs, dont les troupes grecques ne triomphaient définitivement qu'à huit heures du soir.

A l'aile droite serbe (IIIᵉ armée), à l'ouest du Cuka-Golek, on ne semble pas se douter qu'il y a peut-être eu d'agir, ne serait-ce que pour fixer l'adversaire dans a région de Carevoselo.

Bénéficiant de cette passivité, le commandement bulgare a toutes ses aises pour déplacer de ce point vers l'est une partie de ses forces, en même temps que des troupes, jusqu'ici non engagées ou ramenées de la frontière serbe, sont acheminées sur l'extrême droite des Grecs, par la haute vallée de la Mesta.

Assaillie par des forces supérieures, l'aile gauche de

l'armée de Constantin s'immobilise dès le 27 juillet, puis commence à céder le terrain dans la journée du 28.

Elle reflue jusque sur les hauteurs au nord de Pehcevo et là se cramponne au terrain. Dans la nuit, des renforts lui arrivent du centre (4e division), où une contre-offensive bulgare s'est prononcée sur la ligne Vidren-Papasbasi sans pouvoir aller au delà. En même temps et sur des ordres formels du grand quartier général serbe, la IIIe armée se décide à attaquer sur le Cuka-Golek.

Le 29, la droite des forces bulgares déployées face au sud, assaillie à son tour de front et de flanc, fait encore tête toute la journée durant : dans la nuit, elle commence à se replier et vient s'accrocher aux hauteurs d'Hasanpasa et de Leska; le 31, jour de la signature de l'armistice, trouvera les adversaires encore face à face dans cette région où les Grecs auront toutefois occupé Pancarevo.

Vers l'est, les renforts bulgares permettent également une reprise de l'action; le 27, ils réussissent à réoccuper le massif d'Arisanica, d'où les déloge à nouveau une contre-offensive des 6e et 7e divisions. Deux fois encore, la même journée, ces crêtes seront prises et abandonnées successivement par les uns et par les autres. Le 28 au matin, elles sont au pouvoir des Grecs.

Surgit à ce moment, en arrière de leur aile droite, sur Mahomija, venant de Belica, un détachement ennemi comprenant six bataillons et un groupe d'artillerie. Il n'y a là que quelques détachements hellènes insignifiants; Mahomija est occupé par les Bulgares : le bataillon grec qui a pu s'y reconstituer se retire sur le Predelhan, dont, le 29, il organise la défense.

Le temps d'arrêt qu'il impose aux forces adverses est suffisant pour permettre, le soir du 29 et surtout le 30, l'intervention d'éléments prélevés sur les unités mises en jeu au nord d'Osenovo; débouchant du Kapatnik, la contre-attaque grecque contraint à la retraite le détachement bulgare, qui a reflué au delà de Mehomija lorsque l'armistice survient.

Le centre des forces hellènes vers Dzumaja, leur gauche à P'ancarevo, leur droite vers le Kapatnik, forment un demi-cercle autour de Simitli et du débouché de Kresna; les derniers coups portés l'ont été à leur avantage; mais les Bulgares ne disposaient-ils plus de forces suffisantes pour reprendre l'action sur l'une ou l'autre des ailes? — Non, assurent les Grecs. — Oui, affirment les Bulgares, et l'armée grecque, si l'armistice n'avait été conclu, eût été, sans grand délai, débordée et cernée....

Mais alors, pourquoi les Bulgares n'ont-ils point différé de quelques jours la signature de cet armistice et n'ont-ils pas attendu que le coup préparé par eux contre les Grecs soit porté à fond? N'eussent-ils pas été en bien meilleure posture pour traiter et l'honneur de leurs armes, quelque peu terni dans cette campagne, n'en eût-il pas été rehaussé d'un éclat, d'autant plus brillant peut-être, qu'il eût été le dernier?

Quelques jours plus tard, un communiqué officiel de l'état-major grec publiait comme suit l'état des forces bulgares auxquelles il a cru avoir affaire :

« 4 août, 4 heures soir.

« Il résulte des informations données par les prisonniers

bulgares tombés aux mains de l'armée hellénique que les Bulgares avaient concentré à la droite de l'armée grecque, en dehors de la 11ᵉ division, la majeure partie de leur 9ᵉ division venue de Saint-Nicolas (frontière serbe).

« Cette division, après les défaites que lui infligèrent les troupes serbes, était composée de 17 bataillons arrivés à Sofia le 26 juillet et dirigés immédiatement par la voie ferrée contre l'aile droite grecque, en deux colonnes, l'une à Predel-Han et l'autre par Rila, au nord du Périm-Planina.

« C'est sur cet ensemble de forces bulgares, jointes aux débris de la 11ᵉ division, que la 7ᵉ division grecque a remporté la brillante victoire que l'on sait.

« Les pertes et surtout les désertions avaient réduit la force des bataillons ennemis à 300 hommes.

« Le centre grec avait en face de lui les 16ᵉ et 25ᵉ régiments de la 10ᵉ, les 1ᵉʳ et 6ᵉ de la 1ʳᵉ, les 14ᵉ, 29ᵉ, 32ᵉ, 41ᵉ et 42ᵉ de la 3ᵉ, le 68ᵉ de la 13ᵉ et le 7ᵉ de la 4ᵉ division, dont la défaite est connue par les précédents comptes rendus.

« L'aile gauche hellénique avait en face d'elle cinq des six régiments de la 2ᵉ division bulgare, toute la 6ᵉ, les 64ᵉ et 65ᵉ régiments de la 13ᵉ et le 11ᵉ de la 3ᵉ, soit en tout douze régiments.

« Les pertes bulgares ont été telles que le 3ᵉ régiment grec a dû enterrer dans son seul rayon d'action 300 cadavres d'ennemis.

« Un officier bulgare, fait prisonnier, a avoué que si l'armistice n'avait été signé, mettant fin à la poursuite grecque, le général Tenef et les débris de la 2ᵉ division bulgare comptaient se rendre.

« En résumé, durant les 26, 27, 28, 29 et 3o juillet, les Bulgares avaient opposé au front grec les 4ᵉ, 6ᵉ, 9ᵉ, 10ᵉ, 11ᵉ et 13ᵉ divisions en entier ou des fractions de celles-ci et, en outre, les deux brigades de Serès et de Drama.

« Toutes ces divisions ont subi des pertes considérables; une grande partie de leur artillerie est entre les mains de l'armée hellénique et l'on peut les considérer comme complètement désorganisées.

« DOUSMANIS. »

V

Occupation des côtes de la mer Égée

Les premières opérations de la flotte hellène vont avoir pour objet l'appui à donner aux forces de terre sur leur flanc menacé.

Le mardi, 8 juillet, l'amiral Kountoriotis est en rade de Thasos : sans coup férir, il va réoccuper tout d'abord Kavala, dans les conditions amusantes qu'a relatées au *Temps* M. Gaston Deschamps.

« ...Bombarder les Bulgares à Kavala était une entreprise impossible. Ce bombardement eût risqué d'atteindre en effet une population paisible et presque entièrement hellénique. C'est précisément sur quoi comptaient les Bulgares de la garnison de Kavala, pour se mettre à l'abri des canons de l'amiral Kountoriotis. Celui-ci, ne pouvant recourir à la force, s'avisa d'un stratagème que Thémistocle, navarque des Athéniens, eût approuvé. Il fit venir de Salonique cinq transports maritimes, qui arrivèrent en rade de Thasos mardi dernier. Aussitôt la flotte se mit à échanger avec ces navires toutes sortes de signaux variés. Les Bulgares, qui assistaient de loin à ce mouvement inusité, ne doutèrent pas un seul instant que ces transports ne fussent remplis de troupes prêtes à débarquer et à marcher sur la citadelle. Ils se jugèrent incapables de résister. C'est justement ce que voulait l'amiral, qui comptait sur le succès de cette salutaire intimidation. Pendant une partie de la nuit, les projecteurs électriques de l'escadre fouillèrent la côte, comme pour chercher un point de débarquement. Les Bulgares, de leur côté, interrogeaient anxieusement l'horizon à l'aide d'un appareil à projection qu'ils avaient apporté d'Andrinople. Puis tout rentra dans l'ombre, hormis les fanaux des navires qui continuaient de croiser dans le canal de Thasos et dans la baie de Kavala....

« Entre temps, les contre-torpilleurs *Baïonnette* et *Lion* firent une diversion du côté de Leftera, à l'embouchure de la Struma. Canonnés par une batterie bulgare, les contre-torpilleurs ripostèrent par l'envoi de quelques obus qui mirent le feu à une poudrière voisine de la batterie. Ce bref bombardement, suivi de l'explosion de la poudrière, dispersa un détachement d'environ cinq cents hommes, et acheva de jeter le désarroi dans la garnison bulgare de Kavala. Dès le matin du mercredi, un batelier, faisant force de rames, vint au port de Thasos et de là se rendit à bord de l'*Averof*, pour porter une bonne nouvelle, malheureusement attristée par un détail inquiétant.

« — Les Bulgares, dit ce batelier, sont partis. Mais ils ont emmené avec eux dans la montagne l'évêque Athanasios, le secrétaire de l'évêché, deux médecins de la ville, le directeur de l'école hellénique, le drogman du consulat de Grèce, le directeur de la succursale de la Banque d'Athènes, le rédacteur en chef et un typographe du journal *Le Drapeau*, plusieurs employés de la Compagnie américaine des tabacs et quelques-uns de nos plus notables commerçants.

« Aussitôt, l'amiral confia au capitaine de corvette Griézis, commandant le contre-torpilleur *Doxa (Gloire)*, la mission de reconnaître s'il y avait une passe libre entre les lignes de torpilles éparpillées par les Bulgares en avant du port. M. Criézis, qui est un des officiers les plus distingués de la marine hellénique, a fait ses études navales au *Borda*, il a servi dans notre escadre de la Méditerranée, et ne néglige aucune occasion de se souvenir de ses amitiés françaises. J'ai eu le plaisir d'être reçu par lui, à bord de son navire, en rade de Mitylène.... Sa mission ici est délicate. Un pêcheur turc, qui a vu les Bulgares jeter les torpilles, sert de guide en cette enquête malaisée et périlleuse. Le contre-torpilleur suit de très près la côte basse qu'avoisine le delta de la Mesta. Cette côte est déserte. Les collines du fond de la baie sont couvertes de travaux militaires. On voit des tranchées abandonnées, des restes d'épaulements et de terrassements, quelques batteries, tout un système de défense, rendu inutile par le départ des défenseurs.

« ...A peine M. Criézis a-t-il mis le pied sur la rive, qu'aussitôt il est saisi, enlevé par plus de cent mains qui le soutiennent au-dessus des têtes pour le porter en triomphe. C'est un moment inouï, une minute inoubliable. L'émotion fait pleurer de joie beaucoup de personnes dans cette multitude heureuse d'être libérée d'un insupportable joug. On déchire, sur les murs, les affiches de l' « administration » bulgare. Cette « administration » avait fait fermer notamment le cercle hellénique. On vient de le rouvrir, et c'est là que se réunissent les consuls, les notables grecs, israélites et turcs. Les musulmans prennent leur part de la satisfaction générale, plus de cent de leurs coreligionnaires ayant été tués à coups de baïonnette par ordre des autorités bulgares de Kavala.

« Cependant, à la nuit tombante, deux torpilleurs de haute mer, le 12 et le 14, viennent mouiller dans le port. En ville, une garde civique, rapidement armée avec les fusils laissés par les Bulgares, est préposée provisoirement au maintien de l'ordre. On place des matelots en sentinelles sur les hauteurs, afin de prévenir un retour offensif de l'ennemi.

« La nuit se passe ainsi. Dès le lendemain, plusieurs messagers volontaires, ayant exploré à leurs risques et périls les pays d'alentour, rapportent que les positions de Pravista et de Drama sont abandonnées. Ils n'ont vu que quelques maraudeurs bulgares en fuite vers Doksat et dans la plaine sablonneuse de la Mesta. Alors trente-cinq matelots de la flotte hellénique, sous le commandement de l'enseigne de vaisseau Anghélis, descendent à terre. Le commandant Griézis fait hisser le drapeau national sur la

plus haute tour de la citadelle de Kavala et prend officiel-
lement possession des pouvoirs civils et militaires qui lui
sont confiés télégraphiquement par l'amiral. La ville est
en fête.

« ...L'amiral est heureux de cette complète réussite d'un
ingénieux dessein. Il se réjouit d'une victoire qui n'a pas
coûté une goutte de sang, et que consacre une touchante
effusion de joie populaire.

« — Les Bulgares, me disait-il ce matin en souriant
avec une bonhomie narquoise, les Bulgares ont cru que
mes navires étaient pleins de soldats d'infanterie, d'artillerie et même de cavalerie. Or je n'apporte même pas un
fusil ni un sabre. Toutes les armes qui n'étaient pas indispensables à mes compagnies de débarquement, je les ai
données pour le service des troupes de terre.

« La satisfaction de l'amiral serait aujourd'hui pleine
et entière, s'il n'était inquiet sur le sort de l'évêque et des
trente notables que les Bulgares en fuite vers une desti-
nation inconnue ont emmenés dans la montagne.

« — Pauvres gens! murmure-t-il. Que vont-ils devenir?

« Et j'ai vu passer une tristesse dans le regard tranquille
de cet homme brave, qui est un si brave homme.... »

Pour nettoyer la zone côtière, la purger de tous les
réguliers ou irréguliers bulgares qui molestent — si ce
n'est pis — les Grecs qui la peuplent, la 8ᵉ division est
amenée par mer des confins nord du territoire national
et dirigée tout d'abord sur Xanthi.

Elle y entre le 26 à 6 heures du soir; douze heures avant,
500 cavaliers bulgares, qui en composaient la garnison,

avaient évacué la ville, suivis de tous les fonctionnaires au service du tsar Ferdinand.

Le blocus de la côte, primitivement notifié par les Grecs comme établi entre les 26°5 et 23°53 de longitude est de Greenwich, est levé pour la région de Kavala et limité vers l'ouest toujours à cinq milles de la côte, au 24°5.

Poursuivant alors sa marche vers l'est, la 8ᵉ division se dirige sur Gumuldjina qu'elle occupe le 29.

Entre temps, une escadre composée du *Psara* et des contre-torpilleurs *Aëtos et Sphendoni* a occupé Porto-Lagos, Maronia et Makri.

Quelques jours auparavant, le 25, le contre-torpilleur *Ierax* avait débarqué une garnison à Dédéagac : il s'agissait ici de protéger encore quelques Grecs exposés aux violences des comitadjis bulgares, la mesure se motivait aussi par l'action des forces turques, contre l'offensive desquelles on pensait devoir se garantir.

« Depuis le 21 juillet, écrit un officier du *Ierax*, nous croisions entre Enos et Dédéagac; le 24, à 3 heures du matin, nous apprenons que Dedéagac brûle. Nous nous y dirigeons à toute vitesse, convaincus que les Bulgares ont évacué le port : le fait s'est trouvé exact. Avant de partir ils avaient détruit soixante barques que possédaient les gens de Dédéagac; ceux-ci cependant réussirent à sauver une méchante petite barque; quatre braves n'hésitèrent pas à la monter et à venir vers nous, à sept milles de la côte. En quelques mots ils nous mirent au courant de la situation : l'armée bulgare en retraite avait brûlé

tous les dépôts privés, pillé les maisons, où depuis neu:
mois elle recevait l'hospitalité; enlevé l'argent, le bétail
les meubles et jusqu'aux habits des malheureux habitants
Bien pis, elle avait violé les femmes dont une fillette de
sept ans — ce dernier fait me fut certifié par les consul:
eux-mêmes — et enlevé 240 des notables grecs. Tous ces
exploits accomplis, les Bulgares avaient pris le chemin
de fer de Gumuldjina d'où, par le mont Rhodope, ils
comptaient gagner la Roumélie orientale et éviter ainsi
l'armée grecque venant de Xanthi.

« Nous résolûmes d'affronter les torpilles dormantes et
d'entrer immédiatement au port en longeant de très près
la côte. Nous réussîmes à être à 9 heures du matin devant
Dédéagac d'où nous télégraphiâmes au vaisseau-amiral
Averof, qui s'empressa de venir.

« Il est difficile de décrire la situation dans laquelle
nous avons trouvé la Thrace. Les habitants de Dédéagac
ont touché le fond de la misère humaine; leurs voisins
de Makri n'ont pas été plus heureux : là on a massacré
jusqu'à trois vieillards de plus de 70 ans et des officiers
eux-mêmes ont violé les filles des victimes. Les habitants
osent à peine croire que le cauchemar a pris fin.... »

A la signature de l'armistice, toute la région côtière
de Salonique à l'embouchure de la Maritza se trouvait
donc au pouvoir des Grecs.

CHAPITRE IV

Opérations des armées serbes

I. Concentration serbe. — II. L'attaque bulgare des 29-3o juin. —
III. Bataille de la Bregalnitca. — IV. Bataille d'Égri-Palanka.
— V. Combats aux frontières de la Vieille-Serbie. — Quelques
conclusions.

I

La concentration serbe

Dès le commencement de juin, le gouvernement serbe
prend des précautions contre son allié de la veille et passe,
avec le gouvernement grec, dont les craintes et les intérêts sont les mêmes, une convention militaire.

Le grand quartier général, toujours avec le voïvode
Putnik comme major général, s'installe à Uskub et pro-
cède à une première répartition des forces serbes en vue
de leur action éventuelle contre les Bulgares et en liaison avec l'armée hellène.

L'organisation et le nombre des grandes unités ne sont
pas modifiés : — cinq divisions du 1ᵉʳ ban d'infanterie à
4 régiments, 3 groupes d'artillerie à tir rapide et 3
escadrons, — cinq du 2ᵉ ban à 3 régiments d'infanterie, 3 escadrons et 2 groupes d'artillerie comportant
une ou deux batteries de montagne ancien modèle, soit
même parfois des batteries d'artillerie lourde, — une division de cavalerie à 4 régiments et 2 batteries à cheval.

Les compagnies, batteries ou escadrons ont été complétés et au delà, grâce aux ressources des dépôts, qui ont même permis de grouper en brigades indépendantes, dites de Javor et de la Morava, quatre nouveaux régiments : ce sont les seuls de nouvelle création.

Comme par le passé, les troupes du 3ᵉ ban sont réunies en régiments; mais l'encadrement y est des plus faibles, numériquement parlant, et des plus médiocres souvent, militairement parlant.

Les premières dispositions prises dès la première quinzaine de juin laissent à la garde de la frontière du territoire national, vers Pirot, la division du Timok₁, retour du siège d'Andrinople, la brigade de Javor et quelques régiments du 3ᵉ ban; ils laissent à l'ouest d'Uskub, dans les territoires récemment conquis, la division de la Choumadia₂ et la brigade de la Morava; ils placent quatre divisions en couverture, entre Kjustendil et le Vardar, par Stip jusque vers Gjevgjéli, où se fait la liaison avec la gauche grecque et en laissent quatre autres dans le triangle Vranja, Küprülu, Prizrend.

Au fur et à mesure que s'accroît la tension diplomatique et que se précise la concentration des armées bulgares, le commandement serbe modifie son dispositif initial, et, à l'inverse des Bulgares, tend à réaliser, vers le centre, un groupement de moyens d'action.

Fin juin, aucune modification essentielle n'a été apportée aux effectifs laissés à la défense des frontières de la Vieille-Serbie; mais on trouve, en Macédoine :

1° Deux divisions (Danube₁ et Danube₂, rattachées à la Iʳᵉ armée) à cheval sur la Kriva, vers Egri Palanka, barrant les débouchés de la grand'route de Kjusdentil et disposées en potence, en avant et à gauche du groupe central;

2° Le reste de la Ire armée (prince Alexandre), avec son quartier général à Gradiste, la division de la Morava$_2$, à l'ouest de Zletovo, la division de la Choumadia$_1$ au sud de Drenek, les Monténégrins vers Stracin, la division de cavalerie du prince Arsène au nord-est de Kliseli;

3° La IIIe armée (général Boyan Yankovich), avec son quartier général à Kliseli, la division de la Drina$_1$ à cheval sur la route de Stip à Kliseli, la division de la Morava$_1$ au sud de la précédente, la division du Timok$_2$ entre la Kriva Lakavica et le Vardar, tendant la main aux Serbes comme il a été dit.

On rappelle, en outre, des confins de l'Albanie et du Sandjak, la Choumadia$_2$ et la brigade indépendante de la Morava, dirigées l'une vers Egri-Palanka, l'autre le long du Vardar. Nous les retrouverons en ligne plus tard.

Les avant-postes bordent la ligne de démarcation délimitant en Macédoine, après entente entre les gouvernements intéressés, les zones d'occupation des armées en présence; cette ligne part du massif du Car-Vrh, passe par le Rectki-Buki, suit le cours de la Zletovska, de la Bregalnica et de la Kriva-Lakavica.

En arrière, le groupe principal des armées serbes a pris ses précautions et préparé une solide défense.

« Le terrain, d'ailleurs, s'y prêtait, écrit M. Reginald Kann, le très distingué correspondant du *Temps*. Sur le front de la Zletovska, qui formait le secteur de la majeure

partie de la Ire armée, une double ligne de résistance avait
été organisée.

« La ligne principale passait par le long mouvement de
terrain qui s'étend de Tserni-Vrh (le pic noir) à Gradiste.
Les points les plus importants étaient couverts de retranchements précédés de réseaux de fil de fer. La ligne avancée s'appuyait aux pitons de Drenek de la cote 55o et de la
cote 65o, chacun occupé par un bataillon, couvert par des
postes, détachant leurs sentinelles jusqu'à la rivière. »

Enfin, aux abords de Gradiste même et, plus au nord,
aux abords de Stracin, deux réduits ont été aménagés.

C'est dans les termes suivants que le correspondant de
l'*Illustration*, M. de Penennrun, résume la physionomie
du terrain vers l'est, vu de Drenek, au lendemain de la
bataille :

« A notre gauche, un amas énorme de rochers décou-
pés, dentelés bizarrement, déchire les nuées qui l'en-
tourent, semblant menacer le ciel, très haut au-dessus de
nous : c'est le Rectki-Buki, le pivot de gauche des Serbes
dont la masse imposante constituait en quelque sorte les
gonds, l'axe de cette porte que l'armée du prince royal
devait tenir fermée devant l'assaut désespéré des Bulgares.

« Toute cette zone se présente fort nettement comme
un terrain de très haute montagne, mais, contrairement
à ce qu'à première vue l'on pourrait penser, il est assez
manœuvrable. Les croupes et les thalwegs largement on-
dulés permettent aisément le passage à peu près constant
de l'artillerie de campagne et, de fait, nous voyons partout au milieu des moissons foulées par les combattants,
de larges sillons où tout semble fauché, traces, parallèles

le plus souvent et accouplées par quatre, du passage d'une batterie marchant à grande allure.... »

Nous avons exposé, au chapitre II, la répartition d'ensemble des forces bulgares et rappelons qu'en face des Serbes se trouvent :

— 1° la Ire armée (2 divisions 3/4) au nord de Sofia, avec le général Kutintchef;

— 2° la Ve armée (2 divisions 1/4 et la division de cavalerie), avec le général Tochef, à l'ouest de Sofia;

— 3° la IIIe armée (3 divisions 1/2), à l'ouest de Kjustendil, avec le général Dimitrief;

— 4° la IVe armée (3 divisions), à l'est de Stip, avec le général Kovatchef.

Dès le début de la lutte, cette dernière, nous l'avons dit également, sera renforcée d'éléments prélevés sur la IIe armée (Ivanof) et appartenant notamment aux 2e et 3e divisions.

II

L'attaque bulgare des 29-30 juillet

Dans la nuit du 29 au 30 juillet, entre une heure et deux heures du matin, les Bulgares assaillent les avant-postes des Ire et IIIe armées serbes; les grand'gardes sont égorgées. D'un bond, les Bulgares s'emparent de tout le cours de la Zletovska, de Stip, de la rive gauche de la Kriva-Lakavica; la brigade Guénef s'empare du Rectki-buki; en face de la Ire armée serbe, sont en action la

tre, avec son abnégation et son héroïsme, digne des héros glorieux des victoires de Kumanovo, Prilep, Monastir et Andrinople.

Que Dieu protège mes chers soldats! Cette triste guerre m'est imposée.

Nous suivrons d'abord les opérations sur la Bregalnica, puis relaterons celles qui se déroulèrent autour d'Egri-Palanka, laissant pour un dernier paragraphe le récit des escarmouches qui eurent pour théâtre les frontières de la vieille Serbie.

III

Bataille de la Bregalnica

C'est vers midi, le 3o juin, que les Bulgares marquent leurs derniers progrès entre le Rectkibuki et le Vardar; ils ont atteint la ligne Kalnista, Strmos, cotes 55o et 65o, Susevo, Dragoevo, massif de l'Ortabajir : Krivolak va tomber sous leurs coups. Mais la contre-offensive serbe est déclanchée et, dès ce même jour, si elle n'est pas victorieuse en tous points, elle suffira du moins à contenir les progrès de l'adversaire : le 1er juillet, les Bulgares lâcheront pied en bien des points.

Sur le Rectkibuki, la division du Danube$_1$ arrive aux premières pentes du massif.

La Morava$_2$, partant des abords du Kara-Tas, se porte sur Kalnista et Strmos qu'elle enlève à la 4e division bulgare. A sa droite, la Choumadia$_1$, venant du Tserni-Vrh, assaille la hauteur de Drenek en cherchant à déborder ses deux flancs, tandis qu'une batterie d'obusiers le couvre de projectiles; un de ses régiments se porte sur la cote 550, que la division de cavalerie attaque et déborde par le sud.

La riposte, ici, a été si prompte que les Bulgares n'ont pas eu le temps de retourner contre leurs ennemis les lignes de défense qu'ils avaient facilement enlevées; leur artillerie n'a pu les rejoindre partout; des batteries, aux abords de la Zletovska, ont eu mille peines parfois à sortir de terrains marécageux et la division de cavalerie du prince Arsène capturera l'une d'elles, immobilisée dans un bourbier. L'élan des Serbes, dont la rage décuple les forces et l'ardeur, étonne les soldats bulgares, auxquels on avait persuadé qu'il suffirait de marcher pour que les autres reculent.... Le soir du 1ᵉʳ juillet, Drenek et la cote 550 étaient aux mains des Serbes; dix pièces de campagne y étaient prises; la 7ᵉ division bulgare abandonnait du même coup la cote 650, que la Drina₁ (IIIᵉ armée) occupait sans grand combat : la rive droite de la Zletovska est au pouvoir de la Iʳᵉ armée.

« Sur tout le terrain parcouru par l'attaque serbe, écrit M. Reginald Kann, je n'ai pas vu une seule tranchée, malgré le manque de couverts. Le mouvement s'est donc fait très rapidement et il a fallu, pour l'exécuter, des chefs résolus et une troupe extrêmement ardente. On nous a très souvent — trop souvent peut-être — parlé des charges foudroyantes bulgares en Thrace, déchaînées aux cris devenus classiques de « Na perd, na noge! » (En avant, à la baïonnette!). Une attaque de ce genre je la vois clairement écrite sur le sol en avant de Drenek; les Bulgares y étaient, mais ce ne sont point eux qui l'ont faite. Nous ne nous trouvons pas ici en face des mouvements de longue haleine des Japonais en Mandchourie, coupés d'attaques de nuit; c'est une action rapide, en plein jour et à découvert qui a rendu leurs positions aux Serbes. Il est vrai que leurs régiments, en prenant l'ennemi de front et de flanc, ont facilité ainsi leur manœuvre et qu'une artillerie supérieure les a soutenus. »

Sur le front de la III° armée, les progrès sont bien moins accusés. La Morava₁ échoue devant Istip que tient la 8° division ennemie. Plus à droite, la division du Timok₂, qui a déjà subi, le 3o juin, la poussée de forces supérieures, les voit s'accroître dans la matinée du 1ᵉʳ juillet : elle plie sous le nombre, subit de lourdes pertes, abandonne presque toute la rive gauche du Vardar, y compris Krivolak, laissant sur le terrain deux mille prisonniers, six à huit pièces d'artillerie, tous ses morts et ses blessés.... Les Bulgares feront grand bruit de ce succès partiel.

Le bilan de la journée n'est pourtant pas à leur actif.

Le 2 juillet, le prince Alexandre concentre son effort principal sur sa gauche : il pense qu'avant d'aborder les hauteurs de Rajcani, sur la rive gauche de la Zletovska, où les Bulgares ont accumulé les retranchements, il y a lieu de maîtriser le Rectkibuki, que la division du Danube₁ continuera donc d'attaquer, tandis que le 3° régiment, de la Morava₂, le débordera par le sud.

L'affaire est réglée dans la journée : le corps de volontaires du général Guénef est contraint à la retraite.

A l'aile opposée, la brigade de la Morava est arrivée au

secours de la division du Timok$_2$, qui a du moins réussi, vaille que vaille, à interdire aux Bulgares le franchissement du Vardar.

Devant les autres divisions, la situation reste stationnaire.

Les journées des 3 et 4 juillet sont les journées décisives, grâce au succès de la Ire armée.

La veille et durant toute la nuit du 2 au 3 ont été faits, à la Morava$_2$ et à la Choumadia$_1$, les préparatifs nécessaires en vue de l'assaut du Rajcani.

Toute l'artillerie, renforcée par l'artillerie lourde dont dispose l'armée, est en batterie sur les pentes qui s'étagent à l'ouest de la Zletovska.

La Morava$_2$, en deux colonnes, doit se diriger sur la hauteur 828, au nord de Rajcani, la Choumadia$_1$, en deux colonnes également, a pour objectifs Rajcani à gauche, la hauteur de Spancevo, à droite du Rectkibuki doit partir le 3e régiment avec mission de déborder la droite bulgare; la division de cavalerie du prince Arsène agira sur l'aile opposée, tout en maintenant la liaison avec la IIIe armée, laquelle doit reprendre ses attaques sur Stip, Toplik et Krivolak.

Les approches, au cours de la journée du 3, s'exécutent, non sans peine, tant du fait du terrain que du fait de l'ennemi : au coucher du soleil, les premières lignes sont encore à 700 mètres au moins de la ligne principale des ouvrages et tranchées bulgares : toutes précautions sont prises en vue de parer à une contre-attaque de nuit, qui ne se produit pas.

Au matin du 4, l'action débordante du 3e régiment

commence à se faire sentir. Sur tout le front, l'offensive reprend. A droite, le prince Arsène tente de franchir la Bregalnica vers Krupiste, n'y réussit pas, laisse sur place alors une seule de ses brigades et ramène l'autre sur la hauteur de Spancevo.

Les septième et quatrième divisions bulgares lâchent pied et commencent leur retraite sur le Kocanaderesi.

Plus au sud, les efforts de la IIIe armée sur les objectifs qui lui étaient assignés sont restés vains; mais l'avance prise par la Ire constitue une menace d'heure en heure plus sévère pour l'aile gauche bulgare, enfournée sur Stip et vers le confluent de la Bregalnica et du Vardar.

Le 5 et le 6, cette menace s'accentue. Si le centre bulgare, vers Kucicino, tient toujours bon, la droite cède le terrain de plus en plus. Kocana est emporté le 5; le 6, la Ire armée est maîtresse des hauteurs de Cera et de Bezikovo et le grand état-major ordonne l'intervention d'une de ses divisions à l'aide de la IIIe armée.

On concevrait, *a priori*, l'intervention de ce renfort droit au sud, sur le flanc et les derrières des forces encore immobilisées devant Stip : cependant, si l'on s'en réfère au témoignage de M. de Penennrun (1), on constate, sans pouvoir motiver le fait, que la Choumadia₁, parvenue aux abords de Kocana, entama, le 6 juillet, par la rive droite de la Bregalnica, une contre-marche qui la ramène au nord de Stip.

La 8e division bulgare tient bon encore, néanmoins, toute la journée du 7. Mais, le même jour, à sa gauche,

---

(1) *Illustration* : Croquis des attaques du 3 au 8 juillet.

les 2ᵉ et 3ᵉ cèdent devant un nouvel effort de la division du Timok₂ et de la brigade de la Morava : Krivolak est repris…. Les blessés laissés en ce point par les Serbes, au début de ces dures journées, sont retrouvés mutilés, quelques-uns même crucifiés par les Bulgares.

De même, à la Morava₁, les passages de la Bregalnica sont enfin forcés, Toplik enlevé, Dragoevo assailli.

La chute de Stip n'est plus qu'une question d'heures.

Dans la nuit du 7 au 8, les ordres sont donnés, faisant converger sur ce point les efforts de la Choumadia₁, de la Drina₁ et de la Morava₁.

Tandis que ces ordres s'élaborent, les Bulgares disparaissent vers l'est.

Ce n'est que le 8 au matin que leur retraite est constatée. La division de cavalerie se lance à leur poursuite de Krupiste sur Radovista : sa marche à travers les contreforts du Plaskavica est lente : de ci, de là, elle capture du matériel abandonné, des isolés à bout de forces, se heurte à des arrière-gardes d'infanterie. Le 9, cependant, elle entre dans Radovista; ses patrouilles et reconnaissances sont en liaison avec l'armée grecque, qui vient de triompher à Kukus et Dojran.

Devant la gauche serbe, la IVᵉ armée bulgare a reflué vers l'est, également; vers le 15 juillet, cette armée est établie, sa droite vers le Rujen, à la frontière même, sa gauche vers Carevoselo, sur la Bregalnica; au sud, la IIᵉ armée du général Ivanof cherche toujours à ralentir les progrès des armées grecques entre Pehcevo et Nevrokop.

Le 4 juillet, le général Ratko Dimitrief a assumé les

fonctions de généralissime, passant au général Tochef le commandement de la IIIe armée.

/ Jugeant impossible sans doute de secourir en temps utile les armées du Sud, le nouveau généralissime va chercher le succès sur un autre point et ordonner un effort dans la direction d'Egri Palanka.

Il n'y a là, du côté serbe, au début, que les deux divisions du Danube; dès le 10 juillet, il devient urgent de les renforcer et de ramener de ce côté les divisions devenues inutiles vers Kocana.

Il s'ensuit, dans l'ordre de bataille, un remaniement qui ne laisse en action sur la Bregalnica, aux ordres du général Boyan Yankovitch, que les deux divisions de la Morava, celle du Timok ₂, les Monténégrins et la cavalerie du prince Arsène; le quartier général de cette nouvelle armée s'établit à Kocana.

Est-ce la fatigue des troupes? Sont-ce les difficultés du terrain, ou celles du ravitaillement? Sont-ce des raisons d'ordre politique? Toujours est-il qu'à dater du 10 juillet, l'activité de la IIIe armée serbe ne se manifeste que sous des formes toujours fort atténuées. Du 19 au 21, cependant, elle livre aux avant-gardes bulgares, sur la ligne Cera, Grlena, hauteur du Cavka, un combat dont nous reparlerons plus loin et qui met en sa possession ce dernier point d'appui tout en lui permettant de se lier aux forces grecques qui abordent Pehcevo. Le secours qu'elle apporte à ces dernières n'en est pas moins médiocre et, pour des raisons qui n'apparaissent pas, son intervention, lors de la bataille de Simitli, sur le flanc des renforts bulgares assaillant la gauche du roi Constantin, sera des plus tardives.

Avant de clore cette brève relation de la bataille de la Bregalnica, dont les Serbes sont fiers, à juste titre, il convient de citer un jugement porté sur elle par M. Reginald Kann et reproduit dans la correspondance ci-dessous, qu'il adressa au *Temps*, des plaines mêmes où se déroula l'action.

« Ce qui frappe particulièrement dans cette bataille, c'est l'attitude passive des Bulgares, se bornant, en face de la première armée serbe, après leur première attaque par surprise, à se maintenir sur leurs positions successives sans retours offensifs, sans la moindre contre-attaque. Là où ils se sont défendus, derrière des abris favorables, d'énormes amas d'étuis de cartouches rappellent exactement le spectacle qu'offraient les tranchées russes en Mandchourie. Cette tactique surprend d'autant plus que les Bulgares avaient adopté pendant leur campagne de Thrace une manière d'agir diamétralement opposée, attaquant toujours avec la plus grande vigueur et persévérant dans leurs attaques, malgré des échecs partiels.

« On ne peut expliquer ce changement radical que par la surprise qu'ils ont éprouvée. Agresseurs, ils se sont vus presque immédiatement attaqués; ils s'étaient promis un rapide succès, se croyant, dans leur présomption, très supérieurs en valeur aux Serbes. La prompte riposte de ceux-ci les a décontenancés. Ils ont vu que leur plan hasardeux, qui ne pouvait réussir qu'à condition de refouler immédiatement l'armée adverse, les compromettait gravement et n'ont plus songé qu'à se soustraire à la situation critique où les plaçaient leurs dispositions défectueuses. »

Les Serbes achetaient leur victoire au prix de 20.000 tués ou blessés; la défaite coûtait aux Bulgares, ici, plus de 3o.ooo hommes hors de combat ou pris.

IV

La bataille d'Égri-Palanka

Les deux divisions du Danube sont installées de part et d'autre d'Egri-Palanka, Danube $_1$ au sud, sur la rive gauche de la Kriva, Danube $_2$ au nord, sur la rive droite de la Dubrovnica, ses avant-gardes sur la rive gauche.

Plus au nord, vers les sources de la Pcinja, se constitue un groupement mixte dont l'infanterie est fournie par la Choumadia $_2$, rappelée d'Albanie.

Jusque vers le 13 juillet, ce sont ces seuls éléments qui résisteront aux efforts de la IV° et d'une partie de la V° armée bulgares. Le terrain, il est vrai, est facile à défendre, hérissé d'obstacles naturels, rochers à pics, montagnes à pentes raides, ravins encaissés, que le génie serbe aménagera, renforcera et truquera encore.

Le 3, repoussant quelques postes-frontière, les Bulgares abordent les avant-gardes de la division du Danube $_2$

et prennent pied sur la rive gauche de la Dubrovnica sans pouvoir aller au delà (1).

Peu désireux d'aborder de front les formidables défenses avoisinant Egri-Palanka, les Bulgares cherchent à les tourner par le nord. Arrêtés sur les pentes est du Cupina, ils s'étendent de proche en proche jusqu'au Golem Vrh et réussissent, dans la soirée du 11 et la journée du 12, à occuper la cote 1669, à l'ouest du Golem.

Du sud et du nord, par la Peinja et le Zuk Kamik, surgissent le 14 des contre-attaques menées par la division du Danube $_2$ et le détachement mixte de Radovinca; l'assaillant rétrograde, poursuivi jusqu'au delà de Dukat par ce dernier détachement.

Dans l'intervalle, jugeant réglée la situation sur la Bregalnica, comme il a été dit déjà, le commandement serbe renforce ces unités en action autour d'Egri-Palanka, où il sent se préciser de jour en jour une poussée plus énergique et où les deux divisions jusqu'ici engagées commencent à se trouver à bout de forces.

Partie par voie ferrée, partie par voie de terre, la Choumadia $_1$ et la Drina $_1$ sont ramenées au sud, dès le 11 juillet.

Amenée à s'étendre démesurément vers le nord, la division du Danube $_2$ n'a plus que des éléments en nombre

---

(1) Les renseignements de source bulgare placent à l'origine de cet incident une offensive serbe. Ils assurent que les troupes serbes attaquèrent les postes-frontière bulgares dans la partie nord du Trnovo et s'avancèrent de là sur la direction Kjustendil : survint alors une contre-attaque bulgare qui refoula les Serbes et mit les Bulgares en possession de la rive gauche de la Dubrovnica.

restreint vers Egri-Palanka; c'est dans l'intervalle ainsi
créé entre elle et la division de la Drina ₁ que vient s'in-
tercaler la Choumadia ₁. La division de la Drina ₁ reste
provisoirement en seconde ligne à l'ouest d'Egri-Palanka.

L'ensemble des forces serbes, de Radovinca au Car Vrh,
constitue la nouvelle Ire armée, toujours aux ordres du
prince Alexandre.

Une offensive partielle est exécutée dans la journée du
17 par les éléments serbes stationnés en face de Zedilovo;
le point d'appui est enlevé et c'est de là, au voisinage
d'une batterie qu'on vient de hisser, que M. de Penennrun, de l'*Illustration*, crayonne, deux jours après, la des-
cription suivante :

« ... Le long du chemin, des artilleurs serbes gravissent
eux aussi la pente, portant chacun deux cartouches à
obus. La longue théorie qu'ils forment ainsi relie d'une
chaîne continue les caissons du parc d'artillerie que l'on
a dû laisser en bas avec les attelages, aux pièces montées
là-haut, à la bricole, dans un terrain impossible, avec
leurs caissons de premier ravitaillement.

« Nous arrivons à la batterie postée légèrement en arrière de la crête. Les quatre pièces sont là, mais, à notre
grande surprise, au lieu de rester dans les encastrements
construits avec soin pour elles et où demeurent encore
leurs caissons, elles ont été poussées en crête, à peine au
défilement de l'homme debout. La raison nous en est
bientôt donnée par le très distingué commandant de la
batterie. Imperturbable, pendant que quelques balles bulgares passent en sifflant autour de nous, il nous explique
les phases du combat qui se termine. Zedilovo forme en

avant du confluent de la Kriva et de la Dubrovnica une espèce de coin qui s'enfonce entre les deux lignes des armées adverses. Sa possession est d'assez grosse importance, car elle permet à celui qui le tient d'assurer sur les flancs de la position ennemie une convergence de feu en concordance avec les éléments moins avancés de la ligne. La carte parle d'elle-même aux yeux. En résumé, cette hauteur jouit de tous les avantages et de tous les inconvénients d'un saillant.

« Avant-hier, 17, les Bulgares en étaient encore maîtres, quand, par une attaque brusquée, les Serbes, profitant du défilement que donnent les nombreux angles morts d'un pays aussi découpé, se jetèrent sur les avant-postes bulgares au moment d'une relève et les repoussèrent sur la ligne frontière qui constitue leur position principale de défense. Immédiatement, de l'artillerie fut amenée sur Zedilovo, avec la plus grosse peine, il est vrai, mais, dès le 18, elle se trouvait en mesure d'ouvrir le feu et de gêner considérablement les éléments avancés de l'ennemi. Celui-ci ne se tint pas pour battu, et, cette nuit, à 3 h. $\frac{1}{2}$ du matin, il dirigea une attaque sur Zedilovo, attaque prononcée par un régiment entier à 4 bataillons, appuyé par 3 batteries de campagne et une batterie d'obusiers en position sur les crêtes de Sivri-Tépé. On nous les montre d'ailleurs, et à la jumelle je distingue notamment très bien l'une d'elles, dont les quatre pièces se silhouettent sur le revers d'une pente descendant vers le Karakol de Deve-Bajir.

« L'infanterie bulgare attaqua en deux colonnes, fortes de deux bataillons chacune, l'une venant directement de

Boucabeille

6

Sivri-Tépé, l'autre de Deve-Bajir et de la maison douanière qui, à la frontière bulgare, se trouve au haut du col que gravit la route d'Egri-Palanka à Kustendil.

« Le terrain se prête merveilleusement à une action défensive, un véritable glacis en pente douce montant vers les tranchées serbes. Parvenus à 5oo ou 6oo mètres, les fantassins bulgares furent accueillis par un feu violent d'infanterie. C'est à ce moment que le commandant de la batterie, qui nous raconte tout ceci, fit pousser à bras ses pièces sur la crête où elles sont encore et fit ouvrir le feu en fauchant sur la ligne de tirailleurs ennemis. L'effet fut décisif : les Bulgares s'arrêtèrent, puis refluèrent à quelque 3oo ou 4oo mètres plus en arrière, sur une crête intermédiaire où nous apercevons maintenant leurs tranchées.... »

Les Bulgares, en même temps, attaquaient l'extrême gauche de la Iʳᵉ armée serbe sur le Golem Vrh : tout s'y réduisit à une violente canonnade.

C'est au sud, au delà du Car Vrh, sur l'aile gauche de la IIIᵉ armée, où luttaient les Monténégrins, que le combat fut peut-être le plus violent. En face de Pobijen, les Bulgares traversèrent en forces la Kamenica, affluent de la Bregalnica, et firent reculer, le 19, les brigades montagnardes du général Voukotich; la situation de ces dernières ne se rétablit que sur l'intervention d'un régiment de la division du Danube, qui prit en flanc l'attaque bulgare et la força à reculer jusqu'à la frontière vers le pic de Siva-Kobila.

Le 20 juillet, autre offensive partielle dans le secteur de la division du Danube, partant des abords de

Zedilovo et repoussant les avant-lignes adverses sur leur ligne principale de résistance, installée à la frontière à Siori-Tépé et au Devébajir.

De même, le 21, à la division du Danube $_2$, où se prononcent des attaques qui refoulent les premières lignes bulgares des premières pentes du Malko-Trnovo sur les crêtes à l'est.

« En définitive, conclut M. de Penennrun, ces actes séparés qui paraissent se jouer dans les différents compartiments du terrain ne peuvent amener aucun résultat, si ce n'est celui de faire tuer inutilement des hommes. Ils sont donc condamnables. Et une fois de plus je déplore que les Serbes ne se soient pas rendu compte qu'après la Bregalnica il fallait une deuxième fois frapper vite et fort.

« ...Répugnant à verser le sang davantage dans une guerre fratricide que beaucoup déplorent, les Serbes, qui auraient pu se jeter sur Sofia, ont préféré aller à Bucarest.

« Sans doute, on peut louer cette modération. Mais, qu'une hésitation se produise dans l'acceptation des conditions des alliés par la Bulgarie, et voici l'armée serbe à nouveau contrainte d'attaquer les lignes de Kustendil. Bon gré, mal gré, il faudra donc engager cette lutte qu'on n'a pas voulu livrer hier, et se résoudre aux pertes que, sur une position organisée à loisir par lui, l'ennemi ne manquera pas d'infliger aux divisions du prince royal et du général Yankowitch!

« L'appoint des Grecs qui, eux aussi, ont si généreusement payé leur tribut à la cause commune par les pertes sanglantes de ces derniers jours, celui des Roumains, l'offensive de la deuxième armée attaquant Tsaribrod, permettent d'une façon à peu près certaine de bien augurer d'une bataille où les Bulgares, acculés à leur capitale, sans ressources et sans approvisionnements, ne pourraient sauver qu'une chose : leur honneur militaire. Mais, tombant ainsi sous les efforts coordonnés de cinq adversaires au lieu d'un seul, ils succomberont en beauté et de façon à émouvoir l'Europe.... Tandis que, seuls vainqueurs dans une action décisive, les Serbes, avec la gloire d'un pareil résultat, en eussent emporté le profit et Belgrade pouvait devenir grande dans les Balkans.

« Puisque c'est devant le sang versé que l'on a reculé, devant l'énormité des pertes probables, pourquoi s'arrêter à ces demi-mesures, essayer une pointe ici, une autre là, et faisant tuer en détail pendant ces opérations tâtonnantes autant de monde que dans une grande bataille? Ces quatre journées dernières, sur le front Golem-Vrh, Car-Vrh, Carevo-Selo, ont vu mettre hors de combat plus de 4.000 hommes. Les routes autour de nous sont couvertes de convois de blessés, dont un grand nombre assez gravement, sans compter beaucoup d'hommes atteints plus légèrement à la tête ou au bras et qui cheminent seuls sur les routes un bâton à la main. D'avoir ainsi hésité rend le sacrifice plus lourd... la moisson moins abondante, le gain plus discutable. »

V

Les combats aux frontières de la Vieille-Serbie
Quelques conclusions

De Vranja à Pirot et Zajecar, nous savons que les Serbes n'ont laissé, en principe, à la garde même de leur frontière que des postes et garnisons, fournis par des régiments du 3ᵉ ban. La division du Timok, et la brigade de Javor forment des troupes mobiles dont le gros est vers Nis; dès les premiers jours de juillet une partie de la Choumadia, viendra les renforcer dans la haute vallée de la Vlasina. L'ensemble est baptisé, un peu pompeusement peut-être, du nom de IIᵉ armée.

Pirot, Zajecar et Nis sont des places fortes, sans grande valeur, mais capables néanmoins d'opposer quelque résistance à de simples troupes de campagne non munies d'artillerie lourde.

Du côté bulgare, deux armées, Iʳᵉ et Vᵉ, sont concentrées au nord et au nord-ouest de Sofia.

Les actions qui vont se passer sur ce théâtre secondaire sont extrêmement confuses : d'une part, la nature du terrain se prête peu à des opérations d'ensemble de quelque envergure, d'où un morcellement d'actions isolées parfois sans lien bien visible entre elles; d'autre part, l'attention des correspondants de guerre, des informateurs officieux ou officiels, a été surtout retenue par les événements essentiels qui se sont déroulés en Macédoine et les renseignements sur les combats survenus vers le nord

manquent souvent de précision et toujours de continuité.
L'exactitude du résumé qui va suivre ne peut manquer
de s'en ressentir.

Pour la clarté de l'exposition, nous relaterons d'abord
les opérations qui s'effectuèrent dans la région au sud
de Pirot, puis celles qui eurent cette place comme centre,
enfin celles qui se déroulèrent au nord sur Knjazevac et
Zajecar.

Le 4 juillet, une colonne fournie par la V° armée bulgare se porte sur Klisura : un détachement gagne, de là,
par le Tumba, la moyenne vallée de la Vlasina; le reste
poursuit sa marche sur Surdulica par le col de Drazina,
refoulant sans peine les quelques gardes-frontière qu'opposent les Serbes au début.

Mais, en arrière, les forces mobiles prélevées sur la
Choumadia$_2$ se mettent en mouvement. Le 10, les colonnes bulgares sont rejetées partie sur Trön, partie vers
le sud-est sur Izvor, suivies par des détachements serbes
qui occupent l'un et l'autre de ces points.

Renforcés de part et d'autre, les Bulgares reprennent
l'offensive.

Ils refoulent leurs adversaires de Trön, forcent à nouveau la frontière serbe, le 18, à Dascani-Kladenac et continuent sur Vlasotince. Des secours arrivent aux Serbes,
de ce côté : l'agresseur est ramené sur le territoire bulgare.

Le détachement serbe porté sur Izvor a enlevé Bosile-
grad à quelques bataillons et escadrons adverses, occupé
Metohija et s'est organisé sur le Milevska planina, où,
dès le 15, des forces bulgares viennent l'assaillir. Le 16,

il tient encore; le 17, tourné sur son flanc gauche vers Metohija, il se replie vers le nord-ouest sur la frontière serbe.

Ce sont également des fractions de la V⁰ armée, appartenant aux 1ʳᵉ et 14⁰ divisions, qui se portent sur Pirot en descendant la Nisava par ses deux rives.

Le 10 juillet, au sud-est de la place, s'engage un combat, où interviennent du côté serbe une bonne moitié de la division du Timok ₁ et la quasi totalité de la garnison. Les Bulgares sont refoulés : en se retirant, ils font sauter le pont du chemin de fer à Sukovo, au delà duquel ils prennent position et où s'arrête l'action serbe.

Dans la nuit du 18 au 19, les Bulgares tentent une nouvelle action par la rive droite de la Nisava; les Serbes cèdent d'abord le terrain, repassent leur frontière, se renforcent à temps pour ressaisir l'offensive, dès le 22 : deux jours après, ils réoccupaient les hauteurs du Strasna-Cuka et récupéraient le coin de territoire national un moment abandonné.

Au nord de Pirot, enfin, deux fortes colonnes de l'armée du général Kutintchef franchissent, le 5 juillet, la frontière serbe aux cols de Saint-Nicolas et de Kadibogor. Knjazevac, au point de réunion des deux itinéraires choisis, est occupé sans coup férir; de là, les forces bulgares s'acheminent sur Zajecar.

Elles tombent, en route, dans un véritable traquenard.

Les Serbes, vers Vratarnica, en un point où le Timok et la route qui le longe franchissent des gorges étroites, barrent, avec une partie des troupes de Zajecar les défilés donnant accès vers le nord. L'autre partie de ces troupes

s'établit à l'est de la passe, sur les contreforts du Stara-
planina. De Nis, accourent par le sud-ouest les troupes
disponibles de la garnison, auxquelles se joint une brigade de la division du Timok ,.

Assaillié de trois côtés à la fois, la colonne bulgare est
écrasée : les comptes rendus de Belgrade évaluent ses
pertes à 6.ooo hommes.

Passant à l'offensive sur ce théâtre d'opérations, les
Serbes poussent une colonne de Zajecar sur Vidin, une
autre plus au sud sur Belogradzik.

Cette dernière est, le 17 juillet, en possession des cols
de Saint-Nicolas et de Kadibogor; le 18, elle tient Cu-
prenje; les 20 et 21 elle refoule et capture quelques fractions bulgares dans Belogradzik qu'elle occupe le 22 : la
liaison était établie, dès le 19, entre elle et l'armée roumaine devant la menace de laquelle l'armée du **général
Kutintchef** a cru prudent de se réfugier vers Sofia.

Quant à la colonne dirigée sur Vidin, elle se heurtait,
le 22, vers Belarada aux forces mobiles de la place, les
refoulait et commençait l'investissement de la forteresse.
Elle avait pu amener avec elle quelques pièces de **gros**
calibre, prélevées sur l'armement de Zajecar, et les mettait, dès le 25, en action sur les ouvrages bulgares.

Il ne rentre pas dans le cadre de cet ouvrage de dégager
des conclusions de faits dont l'authenticité matérielle peut
parfois être contestée et qui ne constituent, au surplus,

que des apparences insuffisantes pour permettre l'édification d'un jugement.

Qu'il soit permis, toutefois, de reproduire ici, sans commentaires, l'opinion d'un homme qui a vu de près, au cours de cette guerre, les hommes et les choses, au moins du côté serbe, et a tenté d'expliquer le pourquoi de l'attitude passive de ces Bulgares, dont l'audace et l'allant avaient étonné le monde, au cours de la précédente campagne.

« Les premières nouvelles parvenues du théâtre de la guerre en Macédoine, écrit au *Temps*, le 8 juillet, M. Reginald Kann, ont laissé pendant plusieurs jours une impression extrêmement confuse. Jamais on n'avait vu, dans une guerre, dès le début même des hostilités, les opérations commencer sur une ligne aussi étendue avec une densité de troupes, semblait-il, partout égale. Les assaillants bulgares se présentaient presque d'un bout à l'autre de la frontière conventionnelle, sans paraître avoir formé sur aucun point une masse de choc sérieuse et capable de tout emporter devant elle; partout de petites colonnes, de petits paquets, comme passés au crible pour les égaliser. Aussi voit-on d'abord les postes serbes et grecs repoussés, puis les alliés reprendre l'avantage sur leurs positions principales, passer à l'offensive aux deux ailes et finalement rejeter partout vers l'est les divisions ennemies.

« Ainsi malgré l'avantage que leur procurait l'initiative de l'attaque et les conditions de mystère dans lesquelles cette attaque a été organisée, l'offensive bulgare a échoué. Cet échec, les Bulgares le doivent surtout à une grossière erreur dans la conception de leur mouvement, qui a été visiblement inspiré par des considérations politiques plutôt que militaires.

« La rupture a été certainement amenée par les efforts des Bulgares macédoniens et la pression qu'ils ont exercée sur l'opinion. On sait le rôle prépondérant que cet élément a joué à Sofia depuis dix ans, et combien il a été difficile aux ministères successifs de résister à ses injonctions belliqueuses. Aujourd'hui il a triomphé et jeté la Bulgarie dans la tourmente. Mais sans doute le gouvernement a-t-il espéré pouvoir limiter le conflit aux territoires contestés, s'en emparer rapidement et s'y maintenir pour mettre un arbitre ou une conférence d'ambassadeurs en présence du fait accompli. Cette tactique ressort clairement des récents événements militaires : les colonnes bulgares ont, en quelque sorte, écrit sur le sol macédonien les intentions de ceux qui dirigent la nation.

En effet c'est seulement une conception politique, visant l'occupation d'un territoire au lieu de la destruction de l'armée adverse, qui a pu donner aux hostilités une physionomie aussi étrange. Dans une guerre commencée en des circonstances normales, les armées bulgares auraient tenté de s'emparer des points stratégiques les plus importants de leurs adversaires : c'est-à-dire Nis et Salonique; l'occupation de Nis aurait intercepté les communications des armées serbes en Macédoine avec le territoire national; celle de Salonique aurait coupé les forces grecques en deux et cerné celles qui s'étendent vers Kavala; pour ces deux opérations les assaillants s'appuyaient sur des bases d'opérations naturelles et s'avançaient le long des voies ferrées

facilitant leur ravitaillement et leur permettant, en cas
de victoire, de progresser rapidement, sans être exposés,
comme en Thrace, à arrêter sans cesse leur marche pour
attendre des convois enlizés dans la boue. En tout cas il
fallait se jeter en force sur le point choisi et non dissémi-
ner l'action tout le long du cordon de surveillance. S'il
est une situation qui puisse se comparer à celle de la Macédoine d'aujourd'hui, c'est la position des alliés en Bel-
gique au mois de juin 1815; ce n'est pas en répartissant
ses troupes tout le long de la frontière, mais en les con-
centrant en une masse, que Napoléon a attaqué les An-
glais et les Prussiens, et a failli les vaincre.

« Les Bulgares n'ont marché en force ni sur Nis, ni
sur Salonique; ils ont espéré peut-être que la surprise produite par leur attaque brusquée romprait partout le cordon et leur permettrait d'atteindre Monastir, par la brè-
che qu'elle creuserait, Monastir, l'enjeu de cette nouvelle
guerre, le pôle vers lequel les Bulgares semblent attirés
comme le fer par l'aimant. Et cet effort éparpillé, ils
l'ont entrepris dans une région montagneuse, sans chemins de fer, sans autres lignes de communication que
deux routes de montagne aboutissant à la vallée de la
Struma, égalemnent dépourvue de rail. Impossible de
choisir de plus mauvaises conditions pour entamer la
lutte. On est stupéfait de voir ces mêmes hommes qui,
il y a quelques mois, ont su combiner un plan de campagne à la fois hardi et sage, puis l'exécuter avec une
admirable ténacité, renier aujourd'hui tout ce qu'ils ont
appliqué hier et agir au rebours des principes qui leur
ont donné la victoire. »

CHAPITRE V

Opérations des armées roumaines

I. Organisation de l'armée roumaine. — II. Plan de campagne
et opérations au sud de la Dobrutcha. — III. Opérations sur Sofia.

I

Organisation de l'armée roumaine (1)

La nouvelle armée qui va entrer en scène dans le
conflit balkanique est la plus importante de celles en présence : la Roumanie compte 7 millions d'habitants contre
4 millions de Bulgares et 3 millions de Serbes, avant la
guerre du moins.

Cette armée, aux côtés des Russes, a fait valeureuse-
ment ses preuves jadis à Plevna. Depuis, son organisation
et son développement ont fait l'objet de tous les soins
d'un souverain issu de la même race que l'empereur alle-
mand.

Une loi récente, de mars 1910, a fixé les conditions du
service, personnel et obligatoire, de 21 à 42 ans révolus;
mais une partie seulement du contingent est affectée à
l'armée permanente, par voie de tirage au sort.

---

(1) Cf. *Armées des principales puissances au printemps de 1913*,
Chapelot, éditeur.

L'*armée active* comprend les hommes de 21 à 28 ans ainsi désignés, lesquels restent sous les drapeaux, deux ans pour l'infanterie, trois ans pour les autres armes. Les auxiliaires, les dispensés, les hommes du contingent non incorporés forment le *complément de l'armée active*. En outre, peuvent être appelés au service en temps de guerre les jeunes gens de 19 à 21 ans, qui, chaque année, à raison de deux dimanches par mois, du mois d'avril au mois de novembre inclus, sont convoqués pour des séances d'instruction d'une durée de trois heures.

Le soldat roumain passe ensuite dix ans dans la *réserve*, dont le budget annuel fixe les périodes d'instruction, et enfin quatre ans dans la *milice*.

L'effectif budgétaire, en 1913, était de 89.670 hommes.

L'infanterie compte :

— 40 régiments, dont 32 à 3 bataillons de 4 compagnies, plus une compagnie de dépôt, et 8 (V⁰ corps) à 2 bataillons de 4 compagnies plus celle de dépôt et un cadre de cinq officiers pour la mobilisation du 3ᵉ bataillon;

— 9 bataillons de chasseurs à 4 compagnies : ces bataillons, à la mobilisation, forment des régiments;

— 40 bataillons de réserve;

— 96 bataillons de milice, environ.

L'effectif des bataillons est de 20 officiers et 1.140 hommes. Par régiment et par bataillon formant corps existe une section de mitrailleuses de 2 pièces.

La cavalerie comporte :

— 10 régiments de Roshiori (hussards rouges) à 4 escadrons et 1 escadron de dépôt, recrutés sur le contingent normal et destinés à former les divisions indépendantes;

— 10 régiments de Calarashi (hussards noirs) dits *cù Schimbul*, recrutés suivant des dispositions spéciales qui permettent aux intéressés, moyennant certaines obligations pécuniaires, en particulier, de se libérer du service en un certain nombre de périodes espacées; même composition que les Roshiori, mais les brigades de Calarashi forment la cavalerie de corps;

L'effectif des escadrons sur pied de guerre est de 5 officiers, 169 hommes et 182 chevaux. Six régiments de roshiori sont dotés d'une section de mitrailleuses sur roues.

L'artillerie forme :

— 20 régiments de campagne, chacun de 6 batteries montées; sept batteries d'obusiers toutefois sont réparties entre les deux régiments du 5ᵉ corps;

— un groupe à cheval de 4 batteries.

Mentionnons encore : 2 régiments d'artillerie de forteresse, à 8 et 11 compagnies; — 5 bataillons de pionniers; — 5 escadrons du train; — 1 bataillon de pontonniers; — 1 groupe d'automobilistes et 1 corps d'automobilistes volontaires.

L'infanterie a le fusil Mannlicher modèle 1893, de 6 $^m/_m$ 5; l'artillerie un canon Krupp de 75 $^m/_m$ à tir rapide, modèle 1903; la cavalerie a des lances, des sabres et des revolvers pour ses premiers rangs, des carabines et des sabres pour ses seconds rangs.

Les grandes unités comprennent :

— 5 corps d'armées, de 2 divisions d'infanterie, 1 brigade de réserve, 1 brigade de calarashi; la division d'infanterie comporte 2 brigades à 2 régiments, 1 bataillon de chasseurs, 3 escadrons de cavalerie, 1 brigade d'artillerie et 1 compagnie de pionniers;

— 2 divisions de cavalerie, de 2 brigades de 2 régiments et 3 batteries à cheval;

— des divisions de réserve et de milice.

Les chefs-lieux de corps d'armée sont : Kraiova, Bucarest, Galatz, Constantza et Jassy.

La mobilisation, décrétée le 3 juillet, soulève l'enthousiasme que nous avons dit : on affirme que près de 20.000 réservistes, non convoqués, se présentèrent néanmoins à leurs corps d'affectation et que l'on eut grand'peine à les renvoyer dans leurs foyers.

Les transports de mobilisation commencent dans la nuit du 5 au 6 juillet; les opérations s'entament le 10 sans même attendre que la concentration soit achevée : les événements pressent.

Le prince héritier Ferdinand est commandant en chef des forces roumaines.

II

Plan de campagne et opérations au sud
de la Dobrutcha

Si la situation stratégique impose à l'armée du roi
Carol l'obligation d'orienter le gros de ses forces sur Sofia, par les voies les plus courtes, pour coopérer à l'offensive que poursuivent de ce côté les armées grecque et
serbe, les intérêts spéciaux de la Roumanie conseillent
une action particulière au sud de la Dobrutcha en vue de
conquérir, à peu de frais, la frontière Turtukaï, Dobritch,
Baltchick, depuis si longtemps convoitée.

Il y aura donc, dans la campagne de l'armée roumaine,
sur deux théâtres différents, des opérations secondaires
et des opérations principales : nous les exposerons les
unes après les autres.

Les opérations secondaires, sur Turtukaï et Baltchick,
commencent dès le 10.

C'est le jour où la Roumanie rappelle son ministre à
Sofia et déclare la guerre à la Bulgarie, laquelle publie
urbi et orbi qu'elle n'opposera pas un homme à l'invasion roumaine. Le ministre de la Guerre bulgare prescrit
même de couler à Rustchuk les monitors et canonnières
affectés à la surveillance du Danube. Les fonctionnaires
bulgares ont pour instructions, toutefois, de rester à leurs
postes et de maintenir l'ordre dans les villes conquises
par le nouvel envahisseur.

Le même jour encore, le gouvernement roumain fait

connaître aux chancelleries européennes que les nécessités militaires l'obligent à suspendre tout trafic commercial sur le Danube, en aval d'Orsova : il en avise directement les compagnies de navigation intéressées.

Les forces destinées à agir au sud de la Dobrutcha se composent du 5ᵉ corps, renforcé d'une division de réserve.

Deux colonnes sont formées et dirigées l'une sur Turtukaï, l'autre sur Dobritch et Baltchick.

Le 10 juillet, vers 5 heures du soir, le 5ᵉ régiment de hussards, appartenant à la colonne du nord, entre sans résistance dans Silistrie : il y fait prisonniers 2 à 300 soldats bulgares, qui se rendent à discrétion.

Poursuivant sa route le long du Danube, cette colonne occupe Turtukaï, le 13 au matin, sans plus de peine que Silistrie : elle pousse des avant-gardes à quelque 5 à 7 kilomètres de la ville où elle s'établit.

La colonne du sud franchit la frontière, le 10, également, à Tchifatkuiusu : le 13, sa cavalerie atteint Dobritch, d'une part, et Baltchick, d'autre part; l'infanterie occupe le 14 ces deux localités. Pas un coup de fusil n'a été tiré.

Le 15, un détachement occupe Varna.

La flotte bulgare — (le petit croiseur *Nadejda* et 6 torpilleurs) — s'était réfugiée dès le 12 à Sébastopol, tant par crainte de l'offensive roumaine que de la venue des cuirassés turcs. Après vingt-quatre heures de séjour en ce port, elle avait été désarmée par les Russes et neutralisée pour la fin de la campagne.

III

Opérations sur Sofia

Sur le théâtre des opérations principales, le prince Ferdinand va employer quatre corps d'armée, deux divisions de cavalerie et deux divisions de réserve; deux divisions, de réserve également, sont laissées à la garde du camp retranché de Bucarest.

Ces forces sont amenées sur le Danube, en majeure partie, par les voies ferrées aboutissant respectivement à Tzorabia et Turnu-Magurele : c'est en ces points que seront établis les passages destinés à donner accès sur la rive droite du fleuve.

Pour en protéger la construction contre l'intervention possible de la V° armée bulgare en action sur la frontière serbe vers Knjazevac, la 1ʳᵉ division de cavalerie et le 1ᵉʳ corps sont acheminés sur Orehovo, où, dans la journée du 13 juillet, ils franchissent le Danube sur des moyens de fortune, bacs, pontons, embarcations requises, etc.

En même temps, la 2° division de réserve, dirigée sur Vidin, menait grand bruit devant cette forteresse bulgare et cherchait à détourner de ce côté l'attention de l'adversaire.

Le lendemain, 14 juillet, à Tzorabia, était construit en moins de sept heures un pont de 1.150 mètres de longueur, présentant une voie de 4 mètres accessible à tout matériel de campagne. A l'est, à hauteur de Turnu-Magurele, fut établi, mais plus lentement, un pont accessible aux seules troupes non montées, édifié avec le matériel trouvé sur les lieux.

Le Danube franchi, la 1re division de cavalerie et le 5e bataillon de chasseurs, aux ordres du général Bogdau, ont seuls continué sur Ferdinand : le 1er corps a poursuivi sa route vers le sud : la 2e division de réserve a été rappelée de Vidin au gros de l'armée.

Or, le général Kutintchef, attaqué de front par les Serbes, menacé sur ses derrières par l'invasion roumaine, a pris le parti de se replier sur Sofia. Sa retraite s'opère par la route sensiblement parallèle à la frontière, de Belogradzik sur Ferdinand et Klisura; sa 5e division est en tête; sa 9e, en queue, fournit, aux ordres du commandant de la division, général Serakof, une arrière-garde forte d'une brigade d'infanterie (17e et 34e) et d'un groupe d'artillerie.

Hardiment attaquée par le général Bogdau, mal renseignée sur les effectifs qui se présentent à elle et les croyant doubles ou triples des siens, cette arrière-garde capitule.... Ce sera le seul fait de guerre, à proprement parler, de la campagne roumaine, ceci ne restreignant en rien, d'ailleurs, l'éloge qui s'adresse au général Bogdau.

Sans résistance, le reste de l'armée du prince Ferdinand a poursuivi sa marche vers le sud-est.

La cavalerie, dès le 15, répandue sur la rive gauche du Danube, n'y a signalé qu'une petite garnison à Nikopolis, qui se rendra aux premiers éléments débouchant de Turnu-Magurele. Le 16, les roshiori sont à Mezda, le 18 à

Vratca, où ils capturent un convoi d'une centaine de chariots.

Derrière eux, Plevna est occupé le 20 et tous les ravitaillements arrivant à Sofia, du nord-ouest de la Bulgarie, se trouvent coupés.

Lorsque l'armistice est signé, les pointes de la 2ᵉ division de cavalerie ont dépassé Panagjuriste et atteint Tatar-Pazadjick à quelque quarante kilomètres de Philippopoli. L'armée roumaine, disposée sur deux lignes, a ses premiers éléments à une demi-étape de Sofia et se trouve répartie comme suit :

A droite, la division Bogdau dont la tête de colonne est au défilé de Ginci; au centre, la 1ʳᵉ division de réserve à Mezdra, le 1ᵉʳ corps à Orhanije, le 4ᵉ corps à Etropole; à gauche, la 2ᵉ division de cavalerie à Zlatica. En arrière, la 2ᵉ division de réserve est à Bela-Slatina, le 3ᵉ corps à Cumakove, le 2ᵉ à Lukovit. Le grand quartier général est à Plevna, avec la 33ᵉ brigade de réserve.

CHAPITRE VI

L'armistice du 30 juillet.
Paix de Bucarest.

Du premier au dernier jour de cette guerre, alors que les belligérants étaient aux prises sur tout le front compris entre le Danube et la mer Egée, la diplomatie s'emploie à mettre un terme aux hostilités.

Conseils de la Russie, instances de la Roumanie, conditions de la Serbie et de la Grèce, chaque jour se précisent ou se modifient : la note dominante est la méfiance de ces dernières vis-à-vis de leur alliée de la veille et leur ferme volonté de ne mettre bas les armes que lorsque la Bulgarie aura consenti aux demandes essentielles qu'elles entendent formuler.

Sitôt après Kukus et la Bregalnica, des pourparlers s'entament, à la prière de Saint-Pétersbourg, en vue de la conclusion d'un armistice.

M. Venizelos est à Salonique, le 13 juillet, et en confère avec le roi Constantin. De là, il se rend à Nis et délibère avec M. Pachitch. Le 15, les gouvernements grec et serbe répondent au gouvernement russe qu'il ne saurait être question d'un armistice tant que la Bulgarie n'aura pas souscrit à certains engagements en vue d'une paix définitive. En d'autres termes, la discussion de l'armistice sera le prélude de la discussion du traité de paix.

C'est sur ces entrefaites que s'est produite l'intervention armée des Roumains. De ce côté alors se tournent les espoirs du nouveau cabinet de Sofia, présidé par M. Radoslavoff.

Le 17, un télégramme du tsar Ferdinand au roi Carol lui demande d'arrêter son offensive sur la capitale bulgare, prêt à souscrire, à cet effet, à toutes les conditions qu'imposera celui qui vient de se poser en « médiateur ».

La réponse arrive le lendemain : rectification de frontière, concédant à la Roumanie le territoire qui s'étend jusqu'à la ligne incluse Turtukaï - Baltchick; reconnaissance du droit que réclame la Roumanie d'intervenir dans le règlement définitif du statut territorial des Balkans, donc nécessité pour elle de ne pas traiter isolément, en dehors des parties contractantes.

Le 19, la Bulgarie cède sur le premier point sans restriction : pour le règlement des autres, elle annonce l'envoi à Nis du général Paprikof, chargé de conférer avec MM. Venizelos et Pachitch.

Quelques jours plus tard, le 23, la situation se précise : la Bulgarie se reconnaît vaincue : l'étreinte se resserre de jour en jour autour de sa capitale.

Elle accepte d'envoyer à Bucarest ses délégués pour conclure et de l'armistice et de la paix. La conférence de Nis devient sans objet.

Les plénipotentiaires réunis dans la capitale roumaine sous la présidence du premier ministre du roi Carol, M. Majorescu, concluent sans tarder un armistice qui, soumis aux délégués militaires, est arrêté sur les bases suivantes :

— 1° La ligne de démarcation sera fixée à distance égale de la ligne des avant-postes occupés à la date du 31 juillet à midi, cette ligne de démarcation sera marquée de drapeaux blancs;

— 2° La suspension d'armes durera cinq jours; elle commencera à midi, heure de l'Europe centrale;

— 3° Les mouvements de troupes et les approvisionnements, de quelque nature qu'ils soient, ne seront pas empêchés en arrière des lignes d'avant-postes;

— 4° A titre de réciprocité, les belligérants se communiqueront respectivement les présentes dispositions afin que, sur toutes les lignes, les hostilités cessent simultanément;

— 5° Les quartiers généraux seront informés d'urgence afin qu'ils puissent donner les ordres nécessaires;

— 6° Les prescriptions des articles 5o et 51 de la convention concernant les coutumes de la guerre sur terre seront apliquées.

Le 3 août, cet armistice était prolongé de trois jours; le 7, il était prolongé sans limite de durée : il devenait évident que la paix était assurée.

Elle fut signée le 10 août, aux termes que voici et avec l'indication très nette que la volonté des contractants était que le traité ne fût pas revisé :

Le roi de Bulgarie, d'une part, et les rois des Hellènes, du Monténégro, de Roumanie et de Serbie, d'autre part, animés du désir de mettre fin à l'état de guerre actuellement existant entre les cinq pays respectifs, voulant, dans une pensée d'ordre, établir la paix entre leurs peuples, si

*longtemps éprouvés, ont résolu de conclure un traité défi-
nitif de paix, et ont nommé des plénipotentiaires. (Suit
la liste de ces derniers.)*

Un accord étant heureusement établi, il a été décidé :

ARTICLE PREMIER. — *Il existera paix et amitié entre le
roi des Bulgares et les autres souverains, ainsi qu'entre
leurs héritiers et successeurs.*

ART. 2. — *La frontière roumano-bulgare, rectifiée conformément à l'annexe du protocole n° 5, partira du Danube, en amont de Turtukaï, pour aboutir à la mer Noire,
au sud de Ekrene.*

*Il est formellement entendu que la Bulgarie démantè-
lera, dans un délai maximum de deux années, les forti-
fications qui existent à Rustchuk, à Chumla et dans une
zone de vingt kilomètres autour de Baltchick. Une commission mixte établira, dans les quinze jours, sur le terrain, le nouveau tracé, et présidera au partage des biens
capitaux coupés par la nouvelle frontière. En cas de diver-
gences, un arbitre décidera en dernière instance.*

ART. 3. — *La frontière serbo-bulgare, fixée conformément à l'annexe du protocole n° 9, partira de l'ancienne
frontière, de la montagne de Paratrica, suivra l'ancienne
frontière turco-bulgare et la ligne de partage des eaux
entre le Vardar et la Struma, à l'exception de la haute
vallée de la Strumica qui restera à la Serbie.*

*Ladite frontière aboutira au mont Belasica, où elle re-
joindra la frontière bulgaro-grecque. Une commission
mixte exécutera, dans les quinze jours, le nouveau tracé*

et présidera au partage des biens capitaux coupés par la nouvelle frontière, avec recours possible à l'arbitrage.

ART. 4. — *Les questions relatives à l'ancienne frontière serbo-bulgare seront réglées suivant entente entre les parties contractantes conformément au protocole annexé.*

ART. 5. — *La frontière gréco-bulgare, fixée conformément au protocole n° 9, partira de la nouvelle frontière bulgaro-serbe, sur la crête de Belasica-Planina, et aboutira à l'embouchure de la Mesta, sur la mer Egée. Une commission mixte et un arbitrage sont institués comme il avait été indiqué dans l'article précédent.*

Il est formellement entendu que la Bulgarie se désiste, dès maintenant, de toute prétention sur Kavala.

ART. 6. — *Les quartiers généraux des armées respectives seront informés de la signature du traité. Le gouvernement bulgare s'engage à démobiliser dès le lendemain.*

Les troupes dont la garnison est située dans la zone d'occupation de l'armée belligérante seront dirigées sur un autre point de l'ancien territoire bulgare et ne pourront regagner leurs garnisons habituelles qu'après l'évacuation de la zone d'occupation.

ART. 7. — *L'évacuation du territoire bulgare commencera aussitôt après la démobilisation de l'armée bulgare et sera achevée au plus tard dans la quinzaine.*

ART. 8. — *Durant l'occupation du territoire bulgare, les armées conservant le droit de réquisition moyennant payement en espèces auront le libre usage des chemins de fer*

*pour le transport des troupes et des approvisionnements,
sans accorder d'indemnité. Les autorités locales, les mala-
des et les blessés seront placés sous la sauvegarde desdites
armées.*

*ART. 9. — Aussitôt que possible, tous les prisonniers de
guerre seront réciproquement rendus. Les gouvernements
présenteront respectivement un état des dépenses effec-
tuées pour le soin et l'entretien des prisonniers.*

*ART. 10. — Le présent traité sera ratifié et les ratifica-
tions seront échangées à Bucarest dans un délai de quinze
jours, ou plus tôt, s'il est possible.*

*En foi de quoi, les plénipotentiaires respectifs ont signé
et apposé leur cachet.*

Fait à Bucarest, le 28 juillet/10 août 1913.

Le lendemain de la signature, à midi, un *Te Deum* fut
chanté à la cathédrale, raconte le correspondant du *Daily
Telegraph*, par le métropolite en présence du roi, de la
reine, des membres de la famille royale, des hauts digni-
taires de l'Etat, des membres du corps diplomatique et des
délégués.

...Dans la liturgie de l'Eglise orthodoxe, employée à
l'occasion de la signature d'un traité de paix, se rencon-
trent ces mots de l'Evangile selon saint Jean :

« Je vous laisse la paix, je vous donne ma paix, non pas
comme le monde la donne; je vous la donne; que vos
cœurs ne soient pas troublés. »

Ces versets furent chantés dans un ordre symbolique qui correspond à la réalité politique : d'abord en roumain, puis en grec, puis en serbe, enfin en bulgare.

CHAPITRE VII

L'action turque

Nous sortons ici du drame pour entrer dans la comédie, comédie fort bien jouée d'ailleurs.

L'action turque ne s'unit par aucun lien à celle des autres belligérants, nous l'avons dit, et nous avons résumé, au début de cet ouvrage, les préliminaires de sa manifestation.

On a dit que les Turcs, avant d'entrer en scène, avaient tenté un accord avec les Grecs, notamment qu'ils avaient offert à ces derniers leur concours et leur alliance; c'est vraisemblable ; de même, on a prétendu que la Turquie avait demandé à participer aux conférences de Bucarest; c'est possible. Le fait, en tout cas, est que l'accord turco-grec ne fut pas conclu, et que les plénipotentiaires turcs ne furent point admis aux discussions réglant le litige pendant entre Serbes, Grecs, Roumains et Bulgares.

A la veille de « partir en guerre », la Sublime Porte dispose, sur le territoire européen, de cinq corps d'armée, partie à Tchadaldja — la majorité — partie à Boulaïr. Ce sont les 1ᵉʳ corps (Torgut Chevket pacha), 2ᵉ (Hassan Izzet pacha), 3ᵉ (Veli pacha), 4ᵉ (Chevki pacha) et 10ᵉ corps (Ourchid pacha), d'un nombre de divisions variant entre deux et six.

Le 12 juillet, cette armée s'ébranle. Il n'est question, bien entendu, que d'occuper les territoires laissés à la Turquie par le traité de Londres et que les forces bulgares occupent encore, indûment.

La poussée vers le nord-ouest ou le nord des diverses colonnes ottomanes ne rencontre aucune résistance : Istrandza, Muratli, Malgara sont occupés le 14; le 15, elles atteignent Lulé-Burgas, dépassent Airobol, bordent l'Ergène, le franchissent...

Le 19, des pointes de cavalerie sont devant Andrinople et Kirkilissé. En arrière, les colonnes forcent la marche : sur Andrinople, un détachement aux ordres d'Enver bey fait 80 kilomètres en une journée, bouscule les quelques fusils bulgares qui font mine de résister et entre dans la vieille capitale des sultans, le 22 juillet, en même temps que la division de cavalerie d'Ibrahim bey.

Presque à la même heure, Kirkilissé était occupé sans plus de formes.

Quelques détachements de cavalerie s'avancent même en pays bulgare : le commandement turc les rappelle et donne ordre de ne point franchir l'ancienne frontière.

A Constantinople, le 19, les ambassadeurs réitèrent leurs questions et leurs démarches : le grand vizir, imperturbable, répond que l'armée avait bien reçu l'ordre de ne pas dépasser la ligne Enos-Midia, mais que la vue des atrocités commises par les Bulgares a excité les soldats, qui « s'avancent au milieu des cadavres et des ruines ».

Le lendemain, le Gouvernement ottoman se décide à jeter le masque : le fait est accompli désormais et l'on sait bien à Constantinople que les puissances parlent beaucoup mais agissent peu, que leur bel accord cesse dès qu'il faut passer aux actes. Une note officielle de la Porte à toutes les chancelleries européennes est donc publiée :

« Malgré l'empressement, dit-elle, que le gouvernement bulgare a manifesté pour signer les préliminaires de la paix, il a refusé d'évacuer les territoires devant faire retour à l'empire ottoman. Il agissait certainement dans le but manifeste de s'assurer une frontière conforme à l'interprétation erronée qu'il entendait donner à la dénomination : ligne Enos-Midia.

« D'autre part, le gouvernement impérial, soucieux d'avoir la possibilité de défendre sa capitale et le détroit des Dardanelles, insista toujours, en démontrant que seule la frontière ayant pour point de départ Enos, devait être tracée par une ligne remontant vers le Nord, suivant le cours de la Maritza.

« Or, ce tracé n'a pas été fixé ainsi dans le texte du traité de paix, par suite du désir que les puissances avaient d'écarter les difficultés soulevées par la Bulgarie, et d'assurer ainsi le plus rapidement possible une réunion des délégués à Londres.

« Dans le but principal d'éviter des complications, le gouvernement impérial s'adressa alors directement au gouvernement bulgare pour lui communiquer les raisons qui l'obligeaient à insister sur le tracé de la frontière suivant la Maritza jusqu'à Andrinople.

« Le gouvernement ottoman aurait espéré régler cette question avec la Bulgarie par la voie diplomatique. Malheureusement, les horreurs auxquelles les Bulgares se livrent dans les territoires occupés par eux, la barbarie et le vandalisme indescriptibles que leurs ex-alliés ont pu constater empêchent le gouvernement impérial d'attendre la solution diplomatique.

« D'autre part, l'expérience a démontré que toutes les négociations entamées avec la Bulgarie sont condamnées à traîner indéfiniment.

« Dans ces conditions, le gouvernement impérial est obligé d'occuper dès maintenant la frontière en question en s'engageant à fixer, d'accord avec les puissances, le sort futur de la Thrace. Il s'empresse d'ajouter que, dans le désir de respecter les décisions des grandes puissances, d'une part, et celui d'établir avec la Bulgarie des relations normales et durables, d'autre part, il considère ledit tracé comme une frontière définitive en s'engageant à ne la dépasser sous aucun prétexte.

« Le gouvernement ottoman aime à espérer que les grandes puissances voudront bien reconnaître que la guerre actuelle entre les Etats balkaniques ainsi que les combinaisons préconisées pour la Thrace l'obligent doublement à s'assurer le plus tôt possible de sa frontière, garantissant ainsi la sécurité de sa capitale et que, tout en tenant compte de la situation particulière de la Thrace, elles donneront de leur côté à la Bulgarie les conseils nécessaires pour assurer une solution rapide et pacifique de la question dans le sens ci-dessus exposé.

« Le gouvernement impérial croit devoir rejeter d'ores et déjà sur la Bulgarie toute la responsabilité d'une reprise éventuelle des hostilités. »

La « reprise éventuelle des hostilités » était d'un délicieux pince-sans-rire.

Que pouvait faire la Bulgarie? Protester? Elle n'y manqua pas. Une à une, les chancelleries des grandes puissances accueillirent ses doléances, s'émurent lentement et diplomatiquement : les notes s'échangèrent; chacun donna son avis, du plus extrême au plus modéré.

On s'entendit enfin sur un texte, non pas certes sur un geste, et, d'une commune démarche, les ambassadeurs remirent un beau jour à la Porte la note que voici :

« Par ordre de mon gouvernement, je suis chargé de rappeler, dans les termes les plus catégoriques, le gouvernement impérial au respect et au maintien du principe posé par le traité de Londres et notamment de la disposition relative à la ligne Enos-Midia.

« Je suis autorisé, en même temps, à déclarer à Votre Altesse que, dans la délimitation, les puissances seraient disposées à prendre en considération les conditions que le gouvernement impérial peut estimer indispensables pour la sécurité de sa frontière. »

Plus de deux semaines avaient été nécessaires pour élaborer ces dix lignes. Il serait exagéré de certifier qu'elles affolèrent le gouvernement du Sultan, car le 11 août, il riposta :

« En réponse à la déclaration que votre Excellence a bien voulu me faire au nom de son gouvernement, je m'empresse de l'assurer que le gouvernement impérial s'est constamment efforcé de se conformer aux principes posés par le traité de Londres.

« Néanmoins, la disposition relative à la ligne frontière Enos-Midia n'a pu être respectée, comme les autres dis-

*positions du traité en question, car le gouvernement im-
périal s'est trouvé dans l'impérieuse obligation d'intervenir pour empêcher l'extermination systématique des populations musulmanes dont le seul tort était de se trouver
au delà de la ligne Enos-Midia.*

*« Il s'est trouvé, en outre, dans l'obligation non moins
impérieuse d'assurer une ligne frontière pouvant garantir
la sécurité de la capitale et des détroits, et, en conséquence, qui permettra l'établissement de rapports normaux et durables entre les Etats voisins.*

*« C'est avec une vive reconnaissance que je constate
que, dans ses déclarations, votre Excellence admet cette
dernière nécessité, car je me permets d'y voir la justifi-
cation de la ligne de conduite suivie par le gouvernement
impérial.*

*« Confiant dans leur esprit de haute équité, j'espère fer-
mement que les grandes puissances voudront admettre
aussi que la ligne frontière que le gouvernement impérial
a tracée dans sa communication du 19 juillet dernier
est la seule qui puisse remplir les conditions voulues de
sécurité et de durabilité. »*

Les Turcs, on le voit, tiraient un assez bon parti du
second paragraphe de la note des puissances. Au surplus,
pour que nul n'en ignore, les acolytes du Grand Vizir se
laissent interviewer à plaisir, et l'un d'eux, Talaat bey,
ministre de l'intérieur, déclare :

« L'Europe connaît nos intentions, nous lui avons fait
savoir officieusement quelles graves complications sont
à redouter si l'on cherche à nous déloger de cette place

fortifiée pour la possession de laquelle nous avons tant lutté. Toutes les puissances savent que nous ne céderons pas. Les conseils amicaux ou comminatoires ne seront que des pourparlers platoniques.

« En outre, pour le règlement d'une question ayant une telle importance nationale, les décisions du gouvernement ne peuvent être que l'expression des sentiments du peuple. Or, jamais la population et l'armée ne consentiront à abandonner Andrinople sous prétexte de respecter les conditions d'un traité mort-né auquel aucun des Etats balkaniques ne s'est conformé.

« On va chercher, je suppose, à nous créer des ennuis et nous les prévoyons. Mais il n'est pas dit qu'en essayant de soulever des difficultés à l'Empire ottoman, on ne compromettra pas la tranquillité de l'Europe. Nous attendons donc, confiants et résolus.

« Il y a quelques mois, alors que nos troupes luttaient encore dans Andrinople, les représentants des puissances venaient journellement à la Sublime Porte pour nous demander, afin de terminer la guerre, de céder la forteresse aux alliés. Nous résistions, objectant que la nation entendait conserver Andrinople.

— « Eh bien, répondit-on un jour au grand-vizir, si « vous voulez la conserver, envoyez une armée la déli-« vrer. »

« On savait qu'à ce moment la condition de nos troupes ne nous permettait pas ce nouvel effort.

« Mais pourquoi les représentants des puissances ne donnent-ils pas les mêmes conseils à la Bulgarie? Pourquoi ne disent-ils pas aujourd'hui au roi Ferdinand : « Vous

« voulez Andrinople, eh bien, envoyez une armée la re-
« prendre. »

« Naturellement, il serait beaucoup plus simple d'obtenir pacifiquement la seconde capitale de notre empire.
Mais toute habileté des diplomates sera vaine en cette occasion.

« Nos forces sont à Andrinople. Elles y resteront et on
ne trouvera aucun Ottoman pour leur donner l'ordre d'évacuer la place. Un tel ordre, d'ailleurs, conclut Talaat bey,
serait parfaitement inutile. »

Le 16 août, on apprend que les troupes turques franchissent la Maritza : l'obligation de protéger contre les
Bulgares l'élément musulman en Thrace légitime cette
mesure, assure-t-on gravement à Constantinople. « Voyez
les cruautés bulgares en Macédoine; écoutez les appels qui
nous parviennent d'Andrinople, où catholiques, grecs,
juifs aussi bien que les Turcs nous supplient de rester...! »

Enfin, lasse d'attendre l'intervention européenne que,
de toutes parts d'ailleurs, et de Saint-Pétersbourg en particulier, on lui avoue impossible, incapable, quoi qu'elle en
ait dit un moment, au lendemain de la paix du 10 août,
de faire respecter ses conquêtes d'antan, la Bulgarie prend
le parti de rester seule à seule avec la Porte.

Le 29, son délégué, M. Natchevitch, est avisé que le
cabinet de Sofia est convaincu de la nécessité d'une négo-
ciation directe avec celui de Constantinople, sur la base de
la renonciation à Andrinople.

Un mois plus tard, jour pour jour, le traité turco-bulgare est signé.

La Turquie récupérait Andrinople et Kirkilissé, ainsi qu'une bonne partie de la rive droite de la Maritza; elle obtient une constitution très libérale pour les musulmans de la vieille Bulgarie et des nouvelles provinces bulgares; les privilèges dont jouiront désormais les musulmans en Bulgarie sont plus étendus que dans tout autre pays étranger et ne peuvent être comparés qu'aux privilèges accordés aux chrétiens par les Turcs.

Un délai de quatre ans est accordé à tous les habitants des régions qui changent de maître, pour l'option de la nationalité.

Les dispositions du traité de Londres sont maintenues en ce qui concerne le gouvernement impérial ottoman et le royaume de Bulgarie, pour autant qu'elles ne se trouvent pas abrogées ou modifiées par les stipulations nouvelles.

Il est entendu, enfin, que les difficultés qui pourraient s'élever concernant l'exécution du traité seront soumises à l'arbitrage de la cour de La Haye, le roi de Suède, de Norvège ou de Danemark agissant comme sur-arbitre.

*
* *

Les traités de Bucarest et de Constantinople n'ont pas mis fin à toutes les difficultés balkaniques. Turcs et Grecs n'ont point encore résolu la question des îles, où l'Europe entend, au surplus, donner quelque avis; ils n'ont point réglé encore le statut des communautés musulmanes passées sous la domination grecque; rien de fixé non plus quant aux compromis financiers, à l'indemnité de guerre.

La première semaine d'octobre vit apparaître de nouvelles menaces de conflit : la Grèce accusait la Turquie de différer, de parti pris, toute discussion sur ces points, de se forger des armes pendant ce temps, avec l'intention inavouée encore d'appuyer plus tard de ses canons ses revendications plus ou moins légitimes.

Les limites du Monténégro ne sont pas fixées.

Celles de l'Albanie pas davantage, non plus que son statut politique. Et l'on a entendu, il y a huit jours à peine, l'Autriche faire la grosse voix, parce que les Serbes prétendaient répondre par des violences aux violences albanaises et se prémunir contre elles.

A ces différents plans du tableau, la rancœur des Bulgares, pour qui la Roche Tarpéienne fut si proche du Capitole, le désarroi de l'Autriche, mal remise de la déroute de sa politique balkanique, les ambitions hésitantes de l'Italie, ses convoitises mal dissimulées sur la maîtrise de l'Adriatique, viennent encore ajouter quelques ombres....

Les diplomates ont du travail : fasse le Destin qu'ils n'appellent plus les soldats à leur aide!

TABLE DES MATIÈRES

Marc Imhaus et René Chapelot, imprimeurs, Nancy et Paris

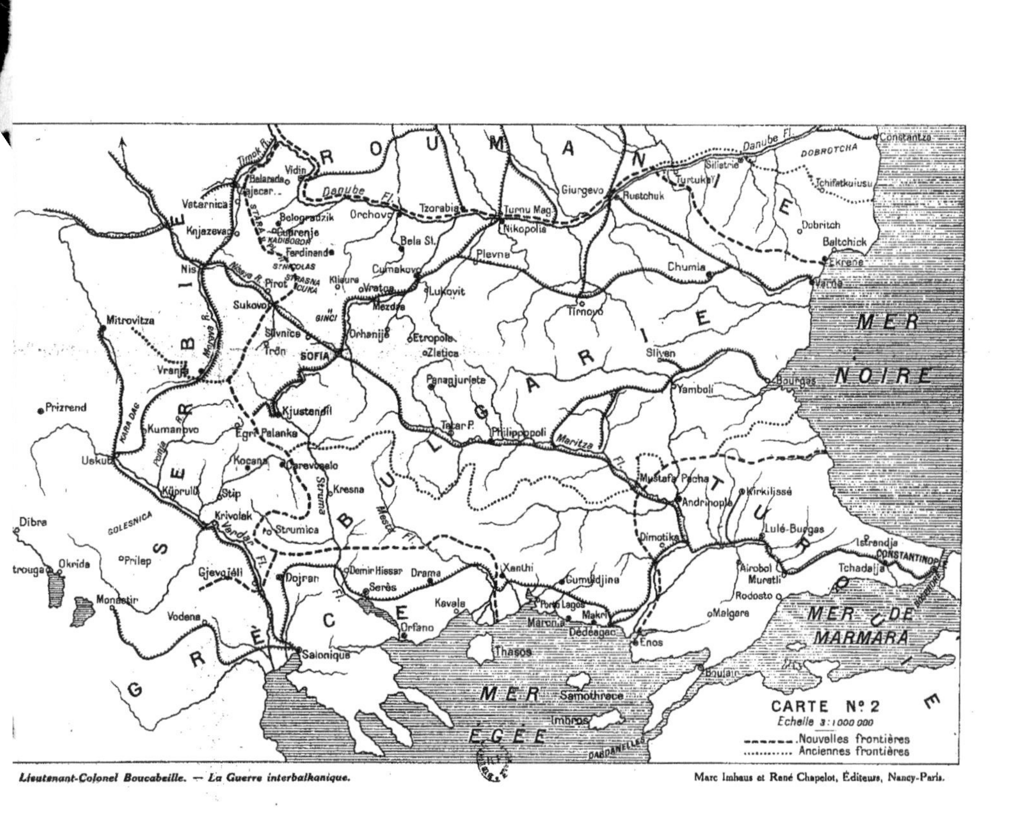

Lieutenant-Colonel Boucabeille. — La Guerre interbalkanique.

Marc Imhaus et René Chapelot, Éditeurs, Nancy-Paris.

PLANCHE (S) EN 2.
PRISES DE VUE

CARTE N° 1
Echelle 1:800000
SERBIE
BULGARIE
RHODOPE
SOFIA
VRANJA
KJUSTENDIL
DUPNICA
BANJSKA
TATAR/PAZARDZIK
Struma R.
Radomir
1
10

KUPRULU
STIP
Susevo
Drejkevo
Vardar Fl.
Radovista
Pehcevo
Barovo
NEVROKOP
Coprivlani
Libiahovo
Melnik
Vodoca
STRUMICA
Gabrovo
Kosturino
BELASICA
Strumica R.
Petric
MELNIK
PLANINA
Sugova
Kaladji
Zernovo
Livadiata
Starciste
Papaslidj
Krusovo
Brodi
BOZ DAG
Mukron
KRUSA BALKAN
Lac Dojran
Bogden
Dojran
Brass
Kasletik
Veterna
Hadzi Bajlik
Lac de Butkovo
DEMIR HISSAR
Kdindir
Kalinovo
Gjevgjeli
Makovovo
Krusovo
DRAMA
Karasimani
Bajnica
Irakli
Jonas
Kürköi
Aligtret
Gobset
Bohemica
Lac Ardzan
Katsauli
Kokus
Seriköi
SERES
Kruasovo
Izvorra Hissar
Jéni Mah.
Stofia
Urljak
Lac Tahinos
Provista
PRBARDAG
KAVALA
Kanebgaer
Ambarköj
Berikdj
Lahana
Ljkovon
Berovo
Nigrita
Suhó
Provista
Mustanja
Postolari
Jess
Klepe
Zarovo
Visoka
BESIK DAG
Lettere
Vardar
Daudli
Baldas
Kara Osorli
Güvezan
Sulovo
Masler
Orfano
Bulgargevo
Golfe d'Orfano
MER ÉGÉE
SALONIQUE
Lac de Langaza
Lac de Besik
Zornika

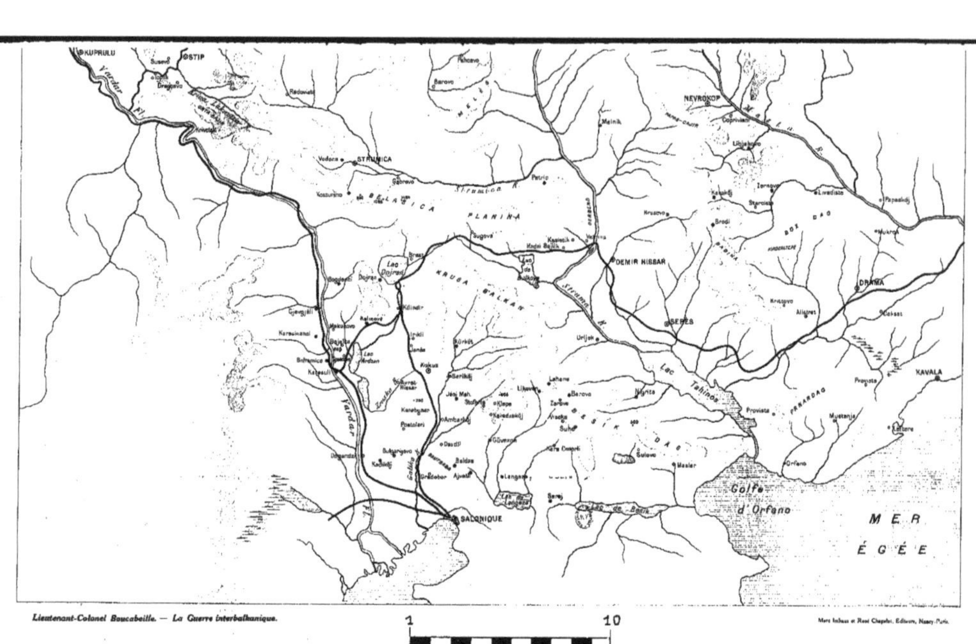

1   10

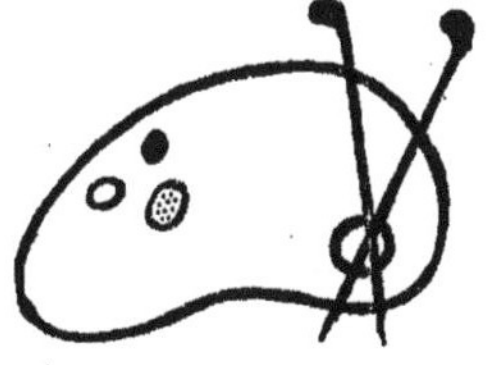

Original en couleur
NF Z 43-120-8

9 782019 936792